# 因明入正理論 下

## 導讀

《因明》是佛家的邏輯學，為五明之一。
意指舉出理由而行論證之論理學。
本書作者商羯羅主，因陳那所著《因明正理門論》深奧難解，
故簡明綜括上書要旨，並加入自創論說而成此書，
使因明學的要義與文辭更為通暢、易讀，
此書實可做為後學入於因明正理之指南。

主　編　談錫永
導讀者　李潤生

25
佛家經論導讀叢書

乾偉 典藏

二〇〇一年八月十三日

二〇〇一年八月十三日

淳章 典藏

# 因明入正理論 導讀 下

《因明》是佛家的邏輯學，為五明之一。
意指舉出理由而行論證之論理學。
本書作者商羯羅主，因陳那所著《因明正理門論》深奧難解，
故簡明綜括上書要旨，並加入自創論說而成此書，
使因明學的要義與文辭更為通暢、易讀，
此書實可做為後學入於因明正理之指南。

主 編 談錫永
導讀者 李潤生

25
佛家經論導讀叢書

目錄

附錄……463

## 三、似能立

### 1似宗

【正文】雖樂成立，由與現量等相違，故名似立宗。(1)謂現量相違、比量相違、自教相違、世間相違、自語相違、能別不極成、所別不極成、俱不極成、相符極成。

此中現量相違者，如「說聲非所聞」。

比量相違者，如說「瓶等是常」。

自教相違者，如勝論師立「聲為常」。

世間相違者，如說「懷兔非月，有故」(2)。又如說言「人頂骨淨，衆生分故，猶如螺貝」。

自語相違者，如言「我母是其石女」。

能別不極成者，如佛弟子對數論師立「聲滅壞」。

所別不極成者，如數論師對佛弟子說「我是思」。

俱不極成者，如勝論師對佛弟子立「我以為和合因緣」(3)。相符極成者，如說「聲是所聞」。

如是多言，是遣諸法自相門故，不容成故，立無果故，名似立宗過。

【註文】

(1)「似立宗」：「宗支」是「能立」的一部分，所以「似立宗」，即是「似宗」。

(2)依《藏要》所校勘，梵、藏二本缺此文句。

(3)依《藏要》所校勘，梵、藏二本，此句爲「我爲樂等和合因緣」。

(一)概述：上章已分別澄清了「二悟八義」中的悟他「能立」門。本章繼續說明悟他的「似能立」門。「似能立」就是不正確的、犯有過失的主張，由於它們犯有過失，不能成立「眞能立」，所以稱爲「似能立」。

「似能立」共分三大類別：一者似宗，共有九種過；二者似因，共有十四種過；三者似喻，共有十種過。如是「能立」由「宗」、「因」、「喻」三支組成，而三支所犯的過失合共有三十三種，所以「似能立」就由「三十三過」

所組成。

於「似能立」三十三過中，本節先明九種「宗過」。「宗過」亦名「似宗」。我們在上章中已把「宗支」分成四類，依《理門論》的指引，我們立宗，唯取「隨自樂爲」的「不顧論宗」。不過，由於種種緣由（如有違經驗、有違信仰、有違宗支結構的條件等），彼「隨自樂爲」的「不顧論宗」也會出錯，不能成爲「眞宗」，被稱爲「似宗」（「似宗」是與「眞宗」相對而立名）。

本節論文，可分成三段：首段列舉九種「似宗」的名稱，次段列舉每一「似宗」的實際例子，末段把各種「似宗」歸納成三大品類，說明其所以爲「似而非眞」的緣故。又於九種「似宗」之中，「現量相違」、「比量相違」、「自教相違」、「世間相違」及「自語相違」等「五相違宗過」，是陳那在《正理門論》本已列出，今論主商羯羅主在彼「五相違宗過」之上，再加「三不極成」（即「能別不極成」、「所別不極」、「俱不極成」等三）及「相符極成」等四種宗過（前三名「闕依過」，以「宗依」不符共許的條件；後一名「義順過」，以「宗支」立敵皆共許，無辯論悟他意義故）。下文當一一加以別釋。

〔二〕釋現量相違：如任何立論者對任何敵、證者立「聲非所聞」這個「宗支」，都犯了與經驗不相符契的過失，說名「現量相違宗過」。「宗支」既有過，則不必再問「因」、「喻」是正是似，都已不能成爲「能立」，以「支失」故，成「似能立」。依佛家學理而言，當以無分別智，對自相境，獲取一種離名言概念的如實認知，叫做「現量」，如眼之對色、耳之對聲等五識根的活動，都是現量，名爲「五根現量」。此與西方哲學所說的直覺經驗或感性知識相類。現量活動的進行雖不帶名言概念，但當我們回憶彼現量活動時，仍可以運用語言文字來加表述，故以「多言」立宗，說「聲非所聞」，此宗有違人類共許的經驗，不能使正智生起，雖是「隨自樂爲的不顧論宗」，亦不能接受爲正確合理的「宗支」。

有關經驗性的「宗支」是否相違的問題，窺基《大疏》把它分成「全分四句」及「一分四句」等八個範疇來加以處理：

甲、全分四句：

(1)違自非他（有違立者現量，不違敵者）

如：勝論對大乘立「大有非五根得」。①

(2)違他非自（有違敵者，不違立者）

如：佛弟子對勝論立「覺、樂、欲、嗔、非『我』現境」。②

(3)俱相違（既違立者，亦違敵者）

如：立「聲非所聞」。③

(4)俱不相違（既不違立者，亦不違敵者）

如：立「聲是無常」。④

乙、一分四句：

(1)違自一分非他（部分違自不違他）

如：勝論立「一切四大，非眼根境」。⑤

(2)違他一分非自（部分違他不違自）

如：佛弟子對勝論立「地、水、火三，非眼所見」。⑥

(3)俱違一分（部分既違自，亦違他）

如：勝論對佛弟子立「色、香、味皆非眼見」。⑦

(4)俱不違一分（部分既不違自，亦不違他）

如：佛弟子對數論立「（汝）自性、我體、皆轉變無常」。⑧

如是八範籌中，全分、一分俱不違現量的，與「現量相違」無關，故非過攝。而立「宗體」有「順自違他」的法規，故全分、一分的「違他非自」的都非過失。剩下來的只有全分及一分的「違自非他」與「俱違」者（即甲部(1)、(3)和乙部(1)、(3)才有「現量相違」過失）。

〔三〕釋比量相違：如有建立「能立」，他的「宗支」是「瓶、盆是常」⑨，如此立宗，無論以「是所作性」為因，或以「勤勇無間所發」為因，「因三相」都無法具足；不特無從歸證「瓶、盆是常」，反而推證「瓶、盆無常」。如是宗、因不相順，不能通過「因三相」以成宗，「宗既違因，他智反起（即反證其矛盾的一面）」，故所立宗，名『比量相違』」⑩，宗既有過，能立不成。

或有疑難，如立宗言：「瓶、盆是常」，再立因言「是所作性」，則此因不符「同品定有」及「異品徧有」等「因後二相」，其過在因，（按：此在「因支」，犯「法自相相違過」，後詳），何以反成宗過？答云：「能立」以「宗」、「因」、「喻」三支建立。「因支」不符三相，因固有過，就「因」的角度說，我們說「因支」犯了某某過失，遂成「似因」；但從「宗支」的角度看，我們根本無法找到「三相因」來證成其爲正確，反而只能證成其矛盾的一面，所以彼所立宗，仍是有過，以「三相因」只能歸證此宗相違一面（即：「瓶、盆無常」），因此謂「瓶、盆是常」等與比量不相順應的宗，爲「比量相違」的「似宗」。

又定「宗體」時，必須順自違他，今立「瓶、盆是常」，全分自他具違，自相違處，不在現量（按：不能通過感官經驗，決定瓶、盆是常或非常，但可就比量推度得知），而在比量，故亦可名爲「比量相違」的「似宗」。

再者「瓶、盆是常」等「宗支」，平日早已通過比度方法，比知相違，不待再依因、喻二支重行推證，故立「比量相違」宗過，如窺基《大疏》所說：「此中意言，彼此共悉瓶所作性，決定無常；今立爲常，宗既違因，令義乖返

（反）：義乖返（反）故，他智異生。由此宗過，名『比量相違』。」⑪

又「比量」是否相違，亦如「現量」，可分「全分四句」及「一分四句」，合八範疇。其中全分、一分的「違自非他」及「俱違」，才是「比量相違」攝，⑫其間實例，恐繁不贅。

（四）釋自教相違：如勝論師立「聲爲常」宗，此有違反他們宗派的主張，便有「自教相違」之失，是「似宗」攝。因爲勝論主張「聲是無常」的，如對佛家立「聲爲常」，雖能「違他」，但不「順自」，不符「宗體」的「違他順自」原則，故所立「宗支」，不能成爲「眞宗」。又此間所謂「教」者，依呂澂主張，不指宗教的「教」，而是指「素所主張」的意思，「立論者所立的宗，不能跟自己原來的主張相矛盾」⑬。其實無論任何宗教，任何哲學派別，乃至個人的思想見解，都應該有一致性的、完整性的體系，然後不致支離破碎，自相矛盾，故立、敵對辯，才不會自亂陣脚，自毀長城，要自開悟，然後可以收悟他效益。若要對自己宗派的思想主張，有所改革，有所更新（如把「古因明五支作法」革新為「三支」），此是「自比量」所攝，如要對外宣揚，成新的「能立」，可加「勝義」一詞來作簡別，則不犯「自教相違」過失⑭。自教是否相違，亦有「全分四句」及「一分四句」，抉擇如前。

（五）釋世間相違：每一個國家，每一個民族，都有自己的風俗習慣、共同傳說、共同信仰，此佛家之所謂「世間法」。如果對一般世間俗人而建立「宗支」，其內容對他們的風俗習慣、傳說信仰有所乖違而又不加簡別，即使有正因、正喻來加以推證，他們也不會接受，有所排拒，則正智當然不顯，「悟他」功能便無從發揮，如是所立「宗支」便成為「似宗」。

如印度人依其傳統神話，認為月中陰影就是兔子，於是把月亮叫做「懷兔」⑮。若有對世間人士，立如是量：

宗：懷兎非月，（按指：懷有彼兎之體不是月亮。）

因：以有體故，

喻：如日星故。⑯

此宗有違世間，縱使「能立」的「因」、「喻」正確無誤，都是唐捐，不能搖動世間俗人的信仰，所以是「似宗」攝。

又如印度人都一致相信死人頂骨都不清淨，但有「迦婆離」結鬘外道，穿人髑髏，以爲鬘飾；有人譏笑他們，結鬘外道立量解嘲：

宗：人頂骨淨，

因：衆生分故，

喩：猶如螺貝。

由於世間共同認許「死人頂骨不淨」，故所立宗，有違世間，同屬「似宗」。

所謂「世間」者，又可分二：一者，非學世間，即如上述的民間傳說、神話、一般的風俗習慣上的信仰等，皆此所攝；二者、學者世間，即宗教、哲學上的學理主張，乃至一切自然科學與社會科學上的學術研究成果，都屬這個範圍。爲要開啓民智，或作學術交流，於「（非學）世間相違」的「宗支」上加以簡別，如言：「依勝義言，懷兎非月」、「眞故，人頂骨淨」，則把主張提升到學者世間的層面，那末，便不犯「世間相違」的宗過了。⑰

「世間相違」細分亦有「全分四句」及「一分四句」之別。不過犯「非學世間相違」的一定是全分俱違一類，因爲有違大衆的共同共許的說法，自然包括立者、敵者；至於犯「學者世間相違」的，必然是同犯「自教相違」，學派的理論，其體即自教主張，因此於八範疇中，何者是過？何者非過？窺基《大疏》認爲：「皆如自教相違中釋；違學者世間必違自教故。」那就是「全分」、「一分」中的「違自非他」及「俱違」是過；至於「俱不違非學世間」，雖不犯「世間相違」過，但卻會犯「相符極成」過，以不符「違他順自」的條件故⑱。

〔六〕釋自語相違：「宗支」的構成，有賴「宗的前陳（主語）」與「宗的後陳（謂語）」的結合，主語是體，謂語是義，義依於體，不相乖角，「宗支」才可順成。假若前言後語，言辭自相矛盾，那就犯了「自語相違」的宗過。如論文所謂「我母是其石女」，便是一個典型例子。何則？主語「我母」，意含能生孩子的女人；謂語「石女」，則指不能生孩子的女人。彼既是「石女」則不能成爲「我母」，若是「我母」，則必非「石女」，否則「我」從何來？如是前言後語，不相依順，如何能申敵智，使之開悟？故是「似宗」。

又窺基《大疏》，依《理門論》，說有外道立「一切言，皆是虛妄」宗。陳那質難他說：「若如汝說，諸言（即一切語言）皆妄，則汝所言，稱可實事，既非是妄；一分實故，便違有法（即『宗支的前陳主語』）『一切之言』。」

這個例子與前例稍異。前例是「宗支」中，主語的「我母」與謂語的「石女」在涵意上相違，不能構成一個相順的合理「邏輯語句」（判斷命題）。如「A是非A」是有違「非矛盾律」（law of non-contradiction）的判斷命題，實不具邏輯意義。至於後例，若在同一語言層面來說，（語句一）「一切（語）言，皆是虛妄」是一「全謂肯定」命題，但「一切（語）言，皆是虛妄」本身仍是「語言」的一部分，立者自然認爲這一部分的判斷語言爲眞實，若非眞實何必立量，既以爲實，自非虛妄，那末它意含着（語句二）「有些語言不是虛妄」，那是一「偏稱否定」的命題。如是（語句一）「全稱肯定」與（語句二）「偏稱否定」是矛盾關係，此眞彼假，此假彼眞，不能同時成立；所以在同一語言層面上，這「一切（語）言，皆是虛妄」，也是犯了「自語相違」的宗過⑲。以「一切（語）言，皆是虛妄」這語句若眞，則最少有「一句語言不是虛妄」，那末，原有「定義」不能成立；若「一切（語）言，皆是虛妄」這語句是假，則它意涵着「一切（語）言，非皆虛妄」了，原有「宗義」亦不能成立。

又據《大疏》言「自語相違」亦分「全分」、「一分」各四句，「俱違」、「自違」都是宗過，違他非過，「俱不違」則容有「相符極成」過，意如前，今不再贅。

〔七〕釋能別不極成：上述五種「似宗」，純粹就所立「宗」，或與外在經驗不相應（如「現量相違」），或與比度推論不相應（如「比量相違」），或與風俗信仰不相應（如「世間相違」、「自教相違」），或與所用語言的含義前後不相應（如「自語相違」），因此無法啓迪敵者與證義者，使其生起正智，所以說之為「似宗」。以下是論主商羯羅主，在承繼陳那所立的五種宗過的基礎上，再針對立宗的基本原則不能契應，有所違犯，於是再製訂四種「似宗」。

如於上章「立宗」一節所述，因明的「宗支」是由前、後兩個「宗依」（即「前陳」的主語及「後陳」的謂語所構成。此兩個「宗依」必須共許極成的（按：所謂「極成有法」，「極成能別」），但構成「宗體」後，則又必須「違他順自」，才能產生「悟他」的效用。如有立宗，違反了「極成能別」的原則的，名為「能別不極成」的宗過。「能別」義同「宗的後陳（謂語）」。

如有佛弟子對數論師立：「聲滅壞」宗。那便犯了「能別不極成」過。因為佛弟子與數論師彼此都共許有「聲」的存在，但數論卻不認許有「滅壞」的發生⑳（雖然佛家認為有「滅壞」這情況的存在，但只是單方面的認可，而非共許極成的認可），所以未能符合「極成能別」的條件。在「聲滅壞」宗中，「滅壞」是「後陳謂語」，在因明術語上稱為「能別」；今「滅壞」這個「能別」得不到共許極成，則「聲是滅壞」或「聲非滅壞」不能進行討論。何則？有眞假值的「陳述語句」作「判斷命題」才有討論價值，因彼能開啓敵、證者的正智故。今數論根本不認可有「滅壞」事情的發生，於是對「宗後陳謂語」的定義還未能得到對方的認可，所以「聲滅壞」這個「宗支」，就對方來說，便無從構成一個有眞假值的「判斷命題」，所以不能證成其是眞，亦不能證成其爲假，所以犯了「能別不極成」的「宗支」，便成爲「似宗」，由於不符「宗依」的條件而無法發揮「悟他」的功能故。

依窺基《大疏》，「能別」極成或不極成，亦有「全分四句」及「一分四句」，茲申例如下：

甲、全分四句：

(1)自不成非他

如：數論師對佛弟子立：「色、聲等（是）藏識（所）變現。」㉑

(2)他不成非自

如：佛弟子對數論師立：「聲滅壞。」

(3)俱不成

如：數論師對佛弟子立：「色，德句所收。」㉒

(4)俱非不成

例從略。㉓

乙、一分四句：

(1)自不成非他

如：小乘有部對大乘立：「所造色，大種、藏識二法所生。」㉔

(2)他不成非自

如：佛弟子對數論師立：「耳等根，滅壞（及）有（變）易。」㉕

(3)俱不成

如：勝論師對佛弟子立：「色等皆從同類（因）及自性生。」㉖

(4)俱非不成

例從略。㉗

如是八句之中，除全分及一分俱非不成（即「俱成」）外，其餘諸句都是「似宗」。如加適當的簡別語，可以避免有過。㉘

〔八〕釋所別不極成：「所別」是「宗支」的前陳主語，亦是「有法」。依立宗的規律，「宗依」無論作主語，或作謂語，必須極成共許，如前所引「極成有法」便是，如不極成便是過攝，理如「能別不極成」。如數論師對佛弟子立：「我是思」宗㉙。於此「宗支」中，前陳主語的「我」，實指「神我」，是佛弟子所不許的，（雖後陳「思」是共許），於是不能符合「宗依」的「極成有法」的原則，所以說它犯有「所別不極成」過。此過只有「全分四句」及「一分四句」；此八句之中，唯「俱非不成」（即「俱成」）非過，餘皆是「似宗」，未能符合兩俱極成的原則故。如加簡別，過亦可免㉚。今俱不贅。

〔九〕釋俱不極成：若所立的「宗支」，同時犯有「所別不極成」及「能別不極成」兩宗過的，說名犯「俱不極成」過；也就是所立「宗支」的「前陳主語」及「後陳謂語」都得不到共許極成，都未能符合「宗依」要有「極成有法」、「極成能別」的基本條件。譬如有勝論師向佛弟子立：「我爲樂等和合因緣」宗㉛。其中「前陳主語」的我是「實句」中的「實我」㉜，是佛家所不許的。「後陳謂語」是「爲樂等和合（之）因緣」，也是佛家所不許的。因爲勝論主張「和合」能使覺、樂、苦、欲、瞋、勤勇、行、法、非法等九種德（心理現象作「實」的屬性）與「實」中的「實我」和合不離。但此「和合」必須依藉「我」爲條件，然後可以發揮和合的作用令彼「九德」與「實我」結合，故「實我」就成爲和合起用的「因緣」（條件）㉝。此等理論佛家是不接受的。

不接受不要緊（因爲「宗支」是「違他順自」的），問題在兩個「宗依」——「實我」與「爲樂等和合因緣」——佛家都不許有，此宗對佛家不能判斷爲眞爲僞，失去悟他意義，所以便犯了「俱不極成」過。此過例較爲複雜，今試舉一較易理解的例子，如基督徒對佛家立：「上帝是造物主」宗。佛弟子既不認許有「上帝」的存在，亦不許有「造物主」的存在，「能別」、「所別」都得不到共許極成，所以犯了「俱不極成」的過失，但如加簡別，過失是可以避免的㉞。又此中是否犯有「俱不極成」過，《大疏》把語句分成「全分五種四句」和「一分五種四句」，合計有四十個範疇，恐繁不錄。若依理，除「俱極

成」外，餘皆是「似宗」所攝。㉟

〔十〕釋相符極成：因明立宗，如前所說，必須依照兩條法則：其一、宗依必須共許極成；其二、宗體必須違他順自。論主商羯羅主所定出的「能別不極成」、「所別不極成」及「俱不極成」等三過，都是依「宗依必須共許極成」這原則製訂的；至於今要討論的「相符極成」宗過，就是依「宗體必須違他順自」而製訂的。如有立言：「聲是所聞」宗。

於此「宗依」，「聲」與「所聞」，立敵共許，全無過謬；合成「宗體」，除了對方是失聰者外，立敵亦同許「聲是所聞」，順自順他，既無論辯的需要，亦無啓發敵智功能，如文軌《莊嚴疏》卷二所說：「夫論之興，爲摧邪義，擬破異宗。（今）聲之所聞，主賓咸許，所見旣一，豈藉言成？故此立宗有符合過（相符極成過）。」窺基《大疏》也說：「對敵申宗，本諍同異；（今）依宗（立敵）兩順，枉費成功。」

由此可見有「相符極成」過的「似宗」，實無由達成「能立」的「悟他」

功能，雖費心思，也收不到預期效果，所以亦是「似宗」所攝。如果論主所製四過，「能別、所別、兩俱不極成」有「缺依過」，「相符極成」有「義順過」，立宗者都應知所迴避。所立「宗支」，是否有「相符極成」，亦分「全分四句」與「一分四句」，茲排列其名目如下，例則恐繁從略。

甲、全分四句

(1)符他非自

(2)符自非他

(3)俱相符

(4)俱不符

乙、一分四句

(1)符他一分非自

(2)符他一分非他

(3)俱相符

(4)俱不符

此中全分、一分，「符他非自」及「俱相符」都是本過所攝，未能契合「違他順自」的要求故；至於全分「符自非他」，若無他過，是眞宗攝，以能契合「違他順自」要求故。所餘全分、一分「俱不符」或有「所別」、「能別」、「俱不極成」或「違教」等過。於上述九宗過中，彼此重疊、三疊乃至九疊，一分、全分等相配合，可有一千三百四十句，那眞成爲繁瑣哲學了，以繁瑣故，今俱不贅。有志者翻《大疏》可知。

〔十一〕隨指釋結：上述九種宗過，可略成三大類別，以見其成過之由，如論文所說：

「如是多言，是遣諸法自相門故，不容成故，立無果故，名似立宗過。」

第一種成過之由是「遣諸法自相門」㊱，此指「現量相違」等五過，使立、敵雙方，遠離「如實理解各種事物自體本具特性」的門徑，使正智不生，邪智反起，正解不得。以「現量」與「比量」是正智的源泉，「自教」與「自語」是進入正智的門徑，由「非學世間」導入「學者世間」是正智的昇進。今五者俱皆相違（指「現量相違」、「比量相違」、「自教相違」、「世間相違」及「自語相違」），使立、敵正智不起，正解不生，所以屬「遺諸法自相門」攝，不成眞宗，只成似宗。

第二種成過之由是「不容成」的緣故。此指「能別不極成」、「所別不極成」及「俱不極成」，由於「宗依」不能達到「共許極成」的條件，故不容成立合乎結構法則的「宗體」，所以不是眞宗，似宗所攝。第三種成過之由是「立無果」的緣故。此指「相符極成」。由所立「宗體」未能達成「順自違他」的原則，反順他義，雖成「宗支」，但收不到「悟他」的效果，非是眞宗，亦似宗攝。

如是上述「現量相違」等九種過失，或由「遺諸法自相門」故，或由「不容成」故，或由「立無果」故，使所立「宗」，不成眞宗，但成「似宗」。

【註釋】

①勝論立「六句義」，認爲宇宙萬象的存在，是由「大有」使其存在，而「大有」是五識根所能經驗的。今彼立「大有非五根得」，有違立者勝論，不違敵者大乘，故名「違自非他」。

又此宗指全部分的「大有」皆非五根得，故名「全分」，是「全部」義；若指部分相違，則名「一分」。

②勝論執「覺、樂、欲、嗔」等精神活動是『神我』的現量認知的對象，但爲立者佛家所不許。

③此宗的立、敵雙方除失聽者，因「聲非所聞」宗，對失聽者實不相違。

④「聲」是否「無常」是推理「比量」所能決定，不由現量經驗，所以說名「俱不相違」。

⑤「四大」指地、水、火、風四種極微（原子）及由極微所成的「粗色」。勝論認爲「四大極微」及由「風極微」所組成的「風」都非眼睛所能看見的，但由極微所成的地、水、火等「粗色」卻是眼根的認知對境。今一概說成非眼根境，便有一分違自失。大乘不認爲「四大」是眼根境，故不違他。

⑥佛家不認爲地、水、火極微爲眼所見，故不違自，但對勝論言，地、水、火的極微雖非眼見，但由彼極微所成「粗色」則是眼見，故有部分違他。

⑦對勝論及佛弟子言，色是眼見，香、味非眼見，故所立宗俱違一分。

⑧「我體」即「神我」。數論的宇宙觀認爲宇宙萬有皆由「自性」轉變而成，由「神我」受

用。但「自性」與「神我」皆實有而常住。今言「轉變無常」，有違於他；於佛家言，根本不承認有「自性」與「神我」的存在，則無所謂相違與不違。且「轉變無常」義，非現量所行境界，雖有違數論的自教，但無違於現量，故得爲例。現量既俱不違全分，自然不違一分，非過所攝。

⑨玄奘譯文，本作「瓶等是常」，但據《藏要》，勘梵、藏二本，則無「等」字。若立「宗支」，作「瓶等是常」，「等」字含渾，不知所指，如等取「虛空」則無過患，若等取盆具，始犯比量相違。今依理改爲「瓶、盆是常」，舉例較爲明確。

⑩此借窺基《大疏》文字作釋。「反」字原本作「返」，從今義改。

⑪見《大正藏》卷四四，頁一一四。

⑫若是「俱不違」，不是「比量相違的似宗」所攝；但所立宗要「違他順自」，今俱不違，故別有「相符極成」之失，亦屬「似宗」，其評見後。

⑬呂澂《因明入正理論講解》，頁一九至二十，中華版。

⑭有關此等問題，其詳可參考陳大齊撰《因明入正理論悟他門淺釋》，頁一二一至一二二，台灣中華版。

⑮據玄奘《大唐西域記》卷七所載：昔者狐、兎、猿共爲親友。行仁義時，天帝欲試，爲饑渴人。兎燒身供養。帝傷嘆良久曰：「吾感其心，不泯其迹，寄之月輪，傳於後世。故西竺咸言，月中之兎，由斯而有。」

⑯《因明入正理論》只言：「世間相違者，如說：懷兎非月，有故。」至於「是有體（有存在的體性）故」之因及「日星」之喻，或補或增，都是依窺基《大疏》文義加進去的。

⑰簡別語的運用，一般與「能立」的類別不同有關；「能立」在效用上可分三類，言簡有別：

(1)共比量——作用在立義——以「勝義」言簡。

(2)自比量——作用在救自——以「自許」言簡。

(3)他比量——作用在破他——以「汝執」言簡。

⑱依文軌的《莊嚴疏》卷二所說，犯「學者世間違自」者，違「自教」的義顯，違「世間」的義微，如「佛弟子立『有（神）我』等，此但望自所宗，名『違自教』；違世義微，非違世間」。所以他說：「若立義違共，……唯此是違世間過攝。」但「違自教」與「違世間」，基本上是兩個不同概念，可以同時雙犯，故仍以窺基義勝，吾從《大疏》。

⑲若依現代語言邏輯的分析來說，語言可有不同層面，於「語言」（lauguage）之上，可有

「後設語言」(para-lauguage) 來論謂它的，再用「後設後設語言」(para-para-lauguage) 來論謂評說「後設語言」，如是「語言」可分成不同的「層次」，如所謂「first order」、「second order」、「third order」等等。如依此理論，把「一切語言」放在「第一層次的語言」去，而把所立宗「一切（語）言，皆是虛妄」放在「第二層次的語言」去，如是以「第二層次」的較高級的「後設語言」來論謂「第一層次」的較低級的「語言」，兩者之間不在同一層面上來處理，來批判，則不能說它們是矛盾的了。陳那時代，語言邏輯還沒有發展到「語言層次」這些理論，所以把一切語言都放在同一層面上加以審察，因此把「一切（語）言，皆是虛妄」評定爲「自語相違」。

⑳數論（Saṁkhya）是印度哲學派系之一。依彼派主要著作《金七十論》所說，數論立「二十五諦」（把宇宙的存在，總分「二十五個範疇」），概括爲三（即：自性、神我、變易）。其中以「神我」（精神現象的根源）及「自性」（物質現象的根源）爲本，再由「自性」衍生成「變易」（此「變易」者，即餘「二十三諦」）謂：大、我慢、五唯、五大、五知根、五作根、意根等，所謂「變易」即宇宙一切現象。如是一切現象從「自性」轉變而有，起各種無常轉變，再由有返無，復歸「自性」，無所謂「滅壞」。「聲」也是現象之一，

故依彼論，「聲」亦只有轉變，而無滅壞（根本在數論的思想體系中，無「滅壞」這個概念）。故今佛弟子若對彼論立「聲滅壞」宗，後陳謂語（亦名「能別」）未得共許，故成宗過。

㉑「藏識變現」是爲「能別」（後陳謂語），能對前陳主語（名爲「所別」）有所論謂，有所述說故。「藏識」是指佛家唯識宗所建立的第八阿賴耶識，能攝藏每個生命體的各種不同色（物質性）、心（精神性）種子功能，又能變現該生命體的根身及所依止以生存的器世界。「藏識」是數論師自所不許，故有「自能別不成非他」過。

㉒「能別」德句是勝論派「六句義」中的第二句，（「德」是屬性的意思，如色、味、香、觸等），數論與佛家都所不許。

㉓「俱能別非不成」（簡稱「俱非不成」）以非過故，窺基不再示例（一分亦然），如前佛弟子對聲生論者立：「聲是無常」，亦此所攝。

㉔「所造色」（由地、水、火、風四大元素所構成的物質現象）是前陳主語「所別」，立敵共許，沒有過失。「大種（即元素、極微）（及）藏識二法所生」是後陳謂語的「能別」，對大乘唯識宗全分認可，對「小乘有部」則「大種所生」是認可的，「藏識所生」則彼立

者自宗所無，故不許。因此彼宗有「自一分能別不成非他」之失。

㉕「滅壞有易」爲「能別」，自派認可，敵論數論師許有「有易」（變易無常），但不許「滅壞」（滅壞無常），故有「他一分能別不成非自」失。

㉖「皆從同類（因）及自性生」爲「能別」。勝論及佛家皆許有「同類因」，但皆不許有「自性」（其義見註⑳），故有「俱一分能別不成」之失。

㉗此亦同於「全分俱非不成」，「全分俱非不成」自涵「一分俱非不成」（此中意指不涵攝「一分俱不成」義，否則亦是過攝）。

㉘「共比量」中，如佛弟子對數論師立：「聲滅壞」宗；此有「能別不極成」過；但如加簡別語「我許」而成「聲我許滅壞」則無過失。不過如此一加簡別，有如上例，則「共比量」變爲「自比量」，其作用跟原意有所改變了。

㉙如上註⑳所述，數論建立「神我」（靈魂，此爲「無我論」的佛家，除正量部外，所不許的）及「自性」爲宇宙萬有的根源。「自性」衍生二十三諦的宇宙各種現象，而所衍生的諸法（如色、聲、香、味、觸等），以供「神我受用」，以滿足「神我」的「思用」要求。因爲彼數論認爲「神我」是有意識，會思慮，所以有「思用」的要求。「我」爲體，「思」

爲用，約體用合說，立「我是思」，意即是「神我是能思用者」。佛家許有「思心所」，故「能別」的「思」是共許極成的；「所別」的「神我」，則唯立者數論所自許，佛家（除小乘正量部外）所不許的，故有「他所別全分不成非自」的過去。

㉚如加上「我許」的簡別語便可避免過失，如數論立「我許之我是思」便是。但一經簡別，此宗即由「共比量」變成「自比量」，其作用亦有所改變，與原意不同了。

㉛勝論（Vaisesika）是印度的一個哲學派別。他們把宇宙萬有分成六大範疇，名之爲「六句義」，那就是：

一、實：（指永恒的實質）共有地、水、火、風、空、時、方、我、意等九種。

二、德：（指實句所含的各種屬性）共二十四種，即：色、味、香、觸、數、量、別性、合、離、彼性、此性、覺、樂、苦、欲、瞋、勤勇、重性、液性、潤性、行、法（正智之因）、非法（邪智之因）、聲等。

三、業：（即活動作用）共有五種：取、捨、屈、伸、行。

四、大有：能令萬物不無的那一種原理。

五、同異：能使萬有之間有差異的那一種原理。

六、和合：使實與德相合而不相離的那一種原理。如令地之實與色、味、香、觸諸德結合；令水之實與色、味、觸、液、潤諸德結合；如是乃至令我之實與覺、樂等九德結合……。

又依《藏要》所校梵、藏二本，「後陳謂語」是「爲樂等和合因緣」，文意較爲通順，故從之。（玄奘譯文原是：「我以爲和合因緣」）

㉜此中的「我」不是佛家所認許的「五蘊假我」，而是九實中的具永恒性的「實我」，所以佛家不許。

㉝「我爲樂等和合因緣」翻成現代語，可以這樣說：「『實我』是能使『和合』發揮作用令我與樂等九德結合的條件。」

㉞如言：「我許的上帝是我許的造物主」，此可避免「俱不極成」宗過；但此宗的性質也由「共比量」變爲「自比量」了。

㉟有關全分一分各句，可參考《大疏》，《大正藏》卷四四，頁一一八。

㊱「諸法」指各種事物；「自相」指宗之「有法」（前陳主語）；「門」者指門徑，依此門徑足以瞭解諸法事物所構的「有法」「自相」，此「有法」「自相」有所應有的「差別屬

性」，透過「宗支」的建立，足以使立、敵各方如實理解各種事物的應具屬性，以增長其智慧。因此「門」字亦可引申作立、敵之智解。「遣門」，指離此門徑，意謂「現量相違」等過，使人遠離「如實理解各種事物應具屬性」的門徑，如是正智不生，異智反起，正解不得，無由照了所立宗義。

## 2 似因

### (a) 不成因

【正文】已說似宗，當說似因(1)：不成、不定、及與相違，是名似因。不成有四：一、兩俱不成，二、隨一不成，三、猶豫不成，四、所依不成。如成立「聲為無常」等，若言「是眼所見性故」，兩俱不成。「所作性故」，對聲顯論，隨一不成。於霧等性起疑惑時，為成「大種和合火有」而有所說，猶豫不成。(2)「虛空實有，德所依故」，對無空論，所依不成。

【註文】

(1)《藏要》本載，校梵、藏二本，缺「當說似因」句。

(2)《藏要》，藏本此句云：「如成立火，於霧等事尚有猶豫而遽說爲大種和合，即是『猶豫不成』。」

〔一〕概述：「似因」是與「正因」相對而言。「因」的作用（自然包括「同法喻」和「異法喻」，所謂「二喻即因」故），在支持「宗支」，證成「宗支」，使「宗支」的主張能啓迪敵者、證者的正智，所以「因、喻」名爲「能立」，「宗支」名爲所立（按：此依「三支結構」的內在關係而言）。怎樣的「因」才能成「正因」，能發揮證成「宗支」的作用呢？於第二章「能立、辨因」處已舉出了三個法則，那就是「遍是宗法性」、「同品定有性」及「異品遍無性」等「因之三相」。如果不能符合此「三相」中的任何一相，乃至二相，乃至全部三相，都不能成爲「正因」，只成爲犯有過失的因（即犯了「因過」），說名「似因」。

「似因」共有三大類，名爲「不成因」、「不定因」及「相違因」，都是有違「因相」所構成，表列如下：

似因
- (1)不成因——有違因的第一相。
- (2)不定因——只違因的第二相或只違因的第三相。
- (3)相違因——兼違因的第二、三相。

「不成因」是由於違背了「遍是宗法性」那「因第一相」所構成的「似

因」。爲甚麼叫它做「不成」呢?窺基《大疏》說言:「能立之因,不能成宗(或本非因,不成因義),故名『不成』。」那末,「不成」就是不能支持「宗支」,由於「因」與「宗的有法(前陳主語)」缺乏適當的連繫,以致不能證成「宗支」的意思,如立、敵雙方或單方對「因」是否「遍是宗法」得不到共許,或出於猶豫及其他原因(如「宗支」有「所別不極成」等)。使「因」不成因義,如是等等情況(此等情況皆構成有違「因第一相」者),便構成「不成因」,不能成宗。①

「不定因」是僅違「同品定有性」或僅違「異品遍無性」那「因第二或第三相」而構成的,犯有「不定」過之因,或可證成所立的「宗支」,或可證成與所立相違的「宗支」,而無法獲得準確的決定,故名「不定」。

「相違因」就是由於兼違「同品定有性」及「異品遍無性」那「因第二、三相」而構成的。犯有「相違」過失的因,非但不能證成所立的「宗支」,反而決定證成與所立相違(相反)的「宗支」,所以名爲「相違」。

於三類「似因」之中,今先討論第一類「不成因」。「不成」有四:一者、兩俱不成，二者、隨一不成，三者、猶豫不成，四者、所依不成。茲分述如後。

〔一〕釋兩俱不成：若能立因，立、敵雙方都認爲它與「宗支」的前陳主語毫無關係，不能與「宗支」的前陳主語構成一個彼此都能共許的判斷，引致因不能（證）成宗，此因便犯「兩俱不成」過，如勝論師對聲生論者立：

宗：聲爲無常，

因：眼所見故。②

「眼所見」因，不能成爲「聲」的「法」，即立者不能認可「聲是眼所見」，敵者也不能認可「聲是眼所見」，故立、敵兩方都不能同意「眼所見」因，對「聲爲無常」宗，符合「遍是宗法」的條件，所以此因便犯了「兩俱不成」過，成爲「似因」。

「兩俱不成」依「有體」、「無體」、「全分」、「一分」可分成四句：

(1)有體全分兩俱不成

如有立量：

宗：聲是無常，
因：眼所見故。③

[圖解1]

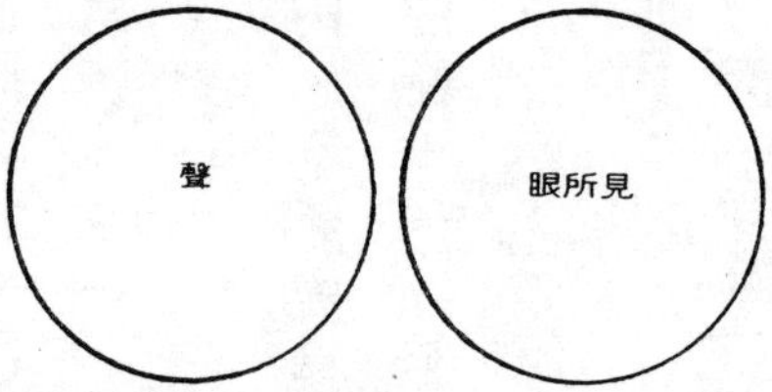


⑵無體全分兩俱不成
如聲論師對佛弟子立：
宗：聲是常，
因：實句所攝。④

(3)有體一分兩俱不成

如有立量：

宗：一切聲皆是常，

因：勤勇無間所發性故。⑤

[圖解2]

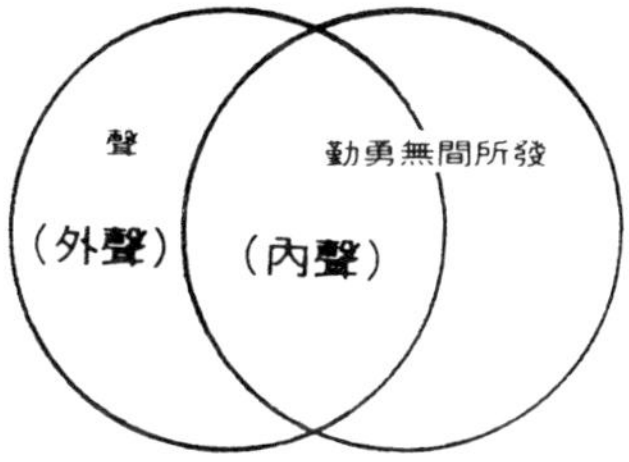


(4)無體一分兩俱不成

如聲論師對佛弟子立：

宗：聲常，

因：實句所攝、耳所取故。⑥

如是上述四句，無論有體、無體，全分、一分，只要是「兩俱不成」，都是本過所攝，成為「似因」。

〔三〕釋隨一不成：「因支」必須「遍是宗法」，符合「因第一相」。因遍是宗法，立、敵雙方都須共許，若有一方不同意能立「因」遍是宗法，便犯了「隨一不成」過。「隨一」者，指立、敵任隨一方之意；「不成」同前，指不能極成共許彼「因」遍是宗法（即「宗的前陳主語」，未能與「因」構成合理共許的判斷命題）。如有勝論師對聲顯論者立：

宗：聲為無常，

因：所作性故。

對勝論師言，「聲是所作」，彼是認許的；但對聲顯論者言，「聲是所作」，彼不認許，因為聲顯論認為聲是本有的，隨緣所顯而已，故非所作。如是「所作性」因，一方認爲在「聲」上遍是宗法，另一方則不同意，如是此因，由於不能達成證成「宗支」的任務，屬「隨一不成」過。

如是「隨一不成」，就有體、無體，全分、一分，可以組成八句：

(1)有體全分他隨一非自

如勝論師對聲顯論者立：

宗：聲無常，

因：所作性。⑦

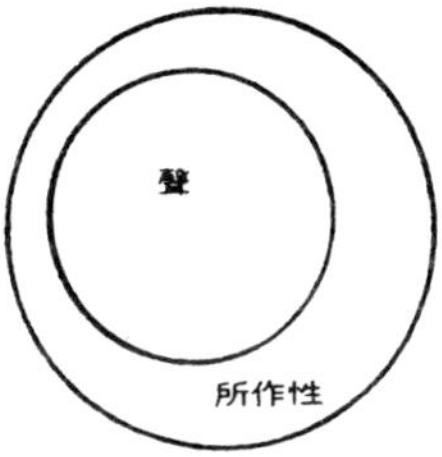


(就勝論觀點)

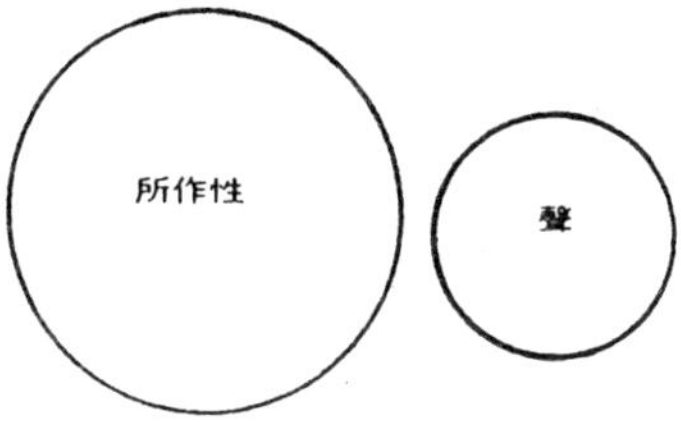


(就聲顯論觀點)

(2)有體全分自隨一非他

如聲顯論師對佛弟子立：

宗：聲是常，

因：所作性。⑧

(3)無體全分他隨一非自

如勝論師對聲論者立：

宗：聲是無常，

因：德句所攝。⑨

(4)無體全分自隨一非他

如聲論者對勝論師立：

宗：聲常，

因：德句所攝。⑩

(5)有體一分他隨一非自

如大乘佛弟子對聲論師立：

宗：聲無常，
因：佛五根取故。⑪

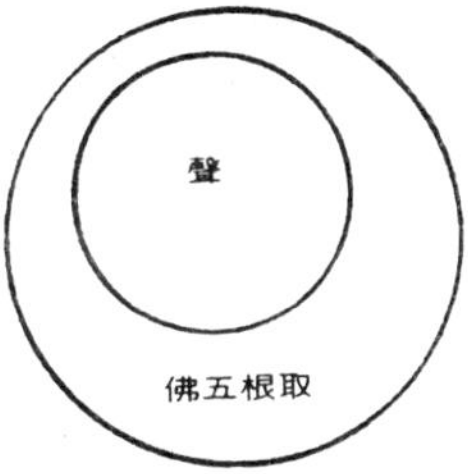

（就大乘觀點）

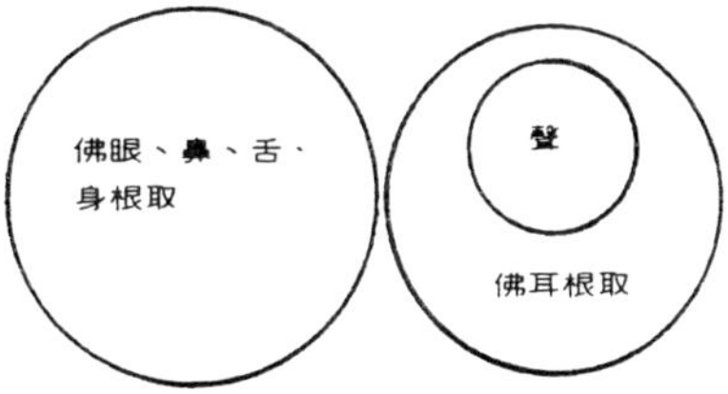

（就聲論師觀點）

(6)有體一分自隨一非他
如聲論師對大乘立：
宗：聲常，
因：佛五根取故。⑫

⑺無體一分他隨一非自

如勝論師對聲論師立：

宗：聲無常，

因：德、實所攝，耳根所取故。⑬

⑻無體一分自隨一非他

如聲論師對勝論師立：

宗：聲常，

因：德句所攝，耳根所取故。⑭

如是八句，俱是過攝，若加言簡，則過失可以避免。⑮

㈣ 釋猶豫不成：「因」以成「宗」；若「因」是猶豫不定，則便不能肯定它是否確具「遍是宗法性」的「因第一相」，能否成「宗」，大有疑問，如何可以開悟敵者正智？故說此猶豫不定之因，為「猶豫不成」的「似因」，如論文所說：

「於霧等性起疑惑時，爲成大種和合火有，而有所說，猶豫不成。」

意思是說：放眼遠處，見有似霧似煙者昇起，但是煙是霧還在疑惑，猶豫不定時，遽成比量：

宗：彼處有火（此指大種和合所成的「事火」）⑯，

因：似有煙故。

所謂「似有煙」者，是不定之詞，是煙、是霧、是雲、是塵，還未決定，「彼處有煙」尚在猶豫（疑惑），故「似有煙」因，有「猶豫不成」過，不能證「宗」，是「似因」攝。此「猶豫不成」共有六句：

(1)兩俱全分猶豫

(2)兩俱一分猶豫

(3)他隨一全分猶豫非自

(4)自隨一全分猶豫非他

(5)他隨一一分猶豫非自

(6)自隨一一分猶豫非他

此六句中，可有全分、一分、兩俱、隨一等差別，但都是有體法，若是無體，只是概念，不存在猶豫問題。句中「兩俱全分猶豫不成」，例如論中所舉，其餘五句，實例不難，不必細表；唯上所言六句，都是過失，不能悟他，故俱「似因」所攝。

〔五〕釋所依不成：「因」的第一相是「遍是宗法性」，即是說：「因」必須是「宗之有法（前陳主語）的屬性，屬性必依於事物之上，故「因」爲「能依」，「宗之有法（前陳主語，亦名『所別』）」名爲「所依」，爲「因」所依附故。假若所立「宗支」，犯有「所別不極成」過，即「宗之前陳主語」不得共許，能依的「因」便失去了「所依」，此「因」作何物的屬性，頓成疑問；故知任何「因支」，對犯「所別不成」宗，都自然犯了「所依不成」過，如論文所舉例子，設勝論師對經量都（無空論者）立：

宗：虛空實有，
因：德所依故。

此中的「虛空」是勝論「六句義」中「實句」所攝九種實之一。敵論者經量部根本不許有實句的「虛空」，只許一切皆無的虛空，所以稱爲「無空論者」；如是「宗之前陳（主語）」已不共許（犯「所別不極成」宗過），「因」無「所依」，所以也犯「所依不成」因過。⑰

「所依不成」總有二類分別：一者「兩俱所依不成」，可有三句；二者「隨一所依不成」，可有六句。合共分成九句，恐繁今略。⑱

**【註釋】**

①慧沼的《因明入正理論義纂要》言：「問：因爲成宗（此是『證成』之義，非『極成』之義）；不成、不定及以相違，俱不能（證）成宗。何故初相有過，獨名『不成』，餘立別名？答：因之初相（即「遍是宗法性」），正爲成宗故須言遍；今若不遍即不（能證）成宗。餘二雖亦（證）成宗，助（成）而非正（成），隨立餘名，不名不成，理實相似。」由此可知「不成」是「不能（證）成宗」義，而不是「極成」義。《大正藏》卷四四，頁一六九。

②論文言：「聲爲無常等，……眼所見性故。」此中「等」字，指「無我」，「不實」等義。

即試圖以「眼所見性」因，以（證）成「聲爲無常」、「聲是無我」、「聲爲不實」等宗。

③「眼所見」因，立、敵共許有此事物的存在，所以名「有體」；「全部聲」皆非眼所見，故稱「全分」；立、敵都不許「聲是眼所見」，故名「兩俱不成」。此全分不成，參考（圖解一）可知。

④「實句所攝」因，聲論師與佛弟子都不許其存在（按：「實句」是勝論「六句義」之一，他宗所不許），所以名爲「無體」（不許其存在，名「無體」）。「全分兩俱不成」義同第一句，今略。

⑤「一切聲」這個「宗的有法」（即前陳主語）實包括(a)人等一切動物所發的「內聲」和一切自然界草木雷霆等的「外聲」。此因「勤勇無間所發」於「內聲」有，於「外聲」無；即於「一切聲」中，「內聲是勤勇無間所發」，而「外聲非勤勇無間所發」。故知此因有一分違背「遍是宗法性」的法則，其義見（圖解二），所以名「一分兩俱不成」。至於「有體」，義同註③，今略。

⑥「實句所攝、耳所取」因中、「耳所取」的那部分於「聲」上轉（即雙方極成「聲是耳所取」），但「實句所攝」的那部分於「聲」上不轉（即雙方不認可「聲是實句所攝」），

因「實句所攝」對雙方言，都是無體故。故稱「無體一分兩俱不成」因過。

⑦勝論師是立量者，彼許「聲是所作」；聲顯論者是敵者，彼不許「聲是所作」，「不成」的在他敵論者，非在自立論者，故言「他隨一非自」。「有體全分」，於註③已釋，今可略。

⑧不許「聲是所作」的是立論者，非敵論者，故言「自隨一非他」。

⑨敵論者不承認有「德句」存在，「德句」只在立者（勝論）思想體系中有，故屬「無體他隨一非自」攝。

⑩「聲是德句所攝」，立論者自所不許，非敵論者，故屬「自隨一非他」。

⑪「聲是佛陀五根所取境」是大乘自許，因大乘認爲佛陀的眼、耳、鼻、舌、身等五根是彼此互用的。但敵者不許，只許「聲是耳根所取之境」，故於他有「一分隨一不成」。見附圖解。

⑫一分不許「聲是佛五根取」是在立論者，非敵論者，故屬「一分自隨一非他」。

⑬於敵論者言，「聲是耳根所取境」，但「聲非德、實所攝」，彼無體故，於立論者自宗無過，故有「無體一分他隨一非自」失。

⑭一分不許者在立論者，非敵論者，故是「自隨一非他」失。

⑮窺基《大疏》解釋說：「他隨一全句，自比量中說『自許』言；諸自隨一全句，他比量中說『他許』言（按：立量時用『汝執』言），一切無過，有簡別故。……」

如在第一句中，改加簡別，變成「自比量」。

宗：聲無常（勝論對聲顯），

因：自許所作性故。

又如在第四句中，改加簡別，變作「他比量」：

宗：聲常，（聲論對勝論）

因：汝執德句所攝。

至於「一分」的簡別，依理可知，今從略。再者，玄奘法師遊學印度，嘗立言簡二量，極爲有名，茲錄於下，以供參考：

其一是改勝軍「大乘經皆佛說量」，

勝軍立：

宗：大乘經皆佛說，

因：兩俱極成非佛語所不攝故。

喻：如增一等阿笈摩（即《阿含》）。

玄奘改：

宗：大乘經皆佛說。

因：自許極成非佛語所不攝故，

喻：如增一等。

其二是在曲女城由戒日王主持的無遮大會中立「眞唯識量」：

宗：眞故極成色，不離於眼識，

因：自許初三攝，眼所不攝故，

喻：猶如眼識。

如是二量，內容複雜，恐繁其解從略，其詳可參考窺基《大疏》、熊十力《大疏刪注》、呂澂《因明綱要》、《因明入正理論講解》、沈劍英《因明學研究》等書。

⑯印度一般學派，都把火分成兩類，一是性火，一是事火。一般相信物質現象，都是由地、水、火、風等四大類（是原子、元素義，亦名爲極微）和合組成。「性火」就「火大」（即

「火極微」、「火元素」），它含藏在草、木等事物中，但非眼根所取境。「事火」就是由地、水、火、風四大種和合而成、能燒他物的「火」，它是身根及眼根所取境。今所立宗的火，是指「事火」而非「性火」；爲要別於「性火」，所以論文說言「大種和合火」。

⑰「德所依故」因，是指勝論六句義中的「德句」，其中有二十四種（如色、味、香、觸等）；「德句」中數、量、別性、合、離、聲等六種德，須依「實句」中的「空句」（即論文中所謂「虛空實有」中的「虛空」）。就立者勝論言，「德所依故」因，可成「虛空實有」宗；但在敵者「經量部」言，則「宗支」的「虛空」已不極成，已犯「所別不極成」過，「因支」無所依，故「因支」便犯「所依不成」過。同時敵論者亦不許有「德句」的存在，「德」成無體，「德所依故」因，再犯「隨一不成」過。

⑱可參考窺基《大疏》，《大正藏》卷四四，頁一二二。

### (b)不定因

【正文】不定有六：一、共，二、不共，三、同品一分轉(1)異品遍轉，四、異品一分轉同品遍轉，五、俱品一分轉，六、相違決定。

此中「共」者，如言：「聲常，所量性故。」「常」、「無常」品，皆共此因，是故不定。為如「瓶等所量性故，聲是無常」？為如「空等(2)所量性故，聲是其常」？

言「不共」者，如說：「聲常，所聞性故。」「常」、「無常」品，皆離此因；「常」、「無常」外，餘非有故(3)，是猶豫因。此「所聞性」其猶何等？

「同品一分轉異品遍轉」者，如說：「聲非勤勇無間所發，無常性故。」此中「非勤勇無間所發」宗，以「電、空等」為其同品，此「無常性」於「電等」有，於「空等」無；「非勤勇無間所發」宗，以「瓶等」為異品，於彼遍有。此因以「電、瓶等」為同品故(4)，亦是不定；為如「瓶等無常性故，彼是勤勇無間所發」？為如「電等無常性故，彼非勤勇無間所發」？

「異品一分轉同品遍轉」者，如立宗言：「聲是勤勇無間所發，無常性故。」「勤勇無間所發」宗，以「瓶等」為同品，其「無常性」，於此遍有；以「電、空等」為異品，於彼一分「電等」是有，「空等」是無。是故如前，亦為不定。

「俱品一分轉」者，如說：「聲常，無質礙故。」此中「常」宗，以「虛空、極微等」為同品，「無質礙性」，於「虛空等」有，於「極微等」無；以「瓶、樂等」為異品，於「樂等」有，於「瓶等」無。是故此因，以「樂」、以「空」為同法故，亦名不定。

「相違決定」者，如立宗言：「聲是無常，所作性故，譬如瓶等。」有立：「聲常，所聞性故，譬如聲性。」此二皆是猶豫因故，俱名不定。

【註文】

(1)據《藏要》校藏本，此「轉」字意云：「於彼境中有」，以下均同。

(2)據《藏要》校勘，梵、藏二本均無「等」字。

(3)據《藏要》校勘，梵、藏二本此句意云：「除常、無常外，更無餘類法故。」

(4)此間「同品」，《藏要》作「同法」。按：下文釋「俱品一分轉」中，亦有「是故此因，以樂以空爲『同法』故，亦名不定」句；釋「俱品一分轉」處，亦用「同法」。可能：一者、校者不立「因同品」，故此「同法」表「同喻」不用「同品」；二者、爲使行文前後一致，故均用「同法」一詞。

㈠概述：「似因」共分三大類別，即「不成」、「不定」及以「相違」。前節已釋「不成」，今節詳述「不定」。文分七段，初段標數立名。「不定因」中，共分六種，表列名稱如下：

不定
- (1)共不定
- (2)不共不定
- (3)同品一分轉・異品遍轉
- (4)異品一分轉・同品遍轉
- (5)俱品一分轉
- (6)相違決定

餘下六段，分別一一別釋此六種「不定因」的例子及成過之由。

如前所說「正因」必須符合「因之三相」。有違「遍是宗法性」的是「不成因」；僅違「同品定有性」或僅違「異品遍無性」的是「不定因」；兼違後二相的是「相違因」。由此可知「不定」與「相違」跟「因之後二相」的關係最爲密切，因此「新因明」的創始人陳那論師造了一篇名爲《因輪論》的文章①，把「因」於「同品」及「異品」的全有、全無、亦有亦無的情況排列組合起來，共成九句，以見那些是「正因」，那些是「不定因」，那些是「相違因」，如該論的第三頌云：

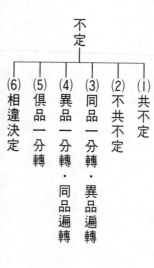

「又於同品有②、無及彼俱二，
異品亦復然，三者各三相。」
此外，陳那在《理門論》，亦提及相似意思的頌文，所謂：
「宗法於同品，謂有非有俱，
於異品各三，有非有及二。」
從上述二頌的含義，可知「因」（即頌文中所謂「宗法」，「因」亦是「宗」之「法」故）於「同品」中有三種關係：一者、於同品有，二者、於同品無，三者、於同品亦有亦無（亦名「有非有」）③；「因」於「異品」亦有三種關係：一者、於異品有，二者、於異品無，三者、於異品亦有亦無（亦名「有非有」）④。「同品」每一種關係亦與「異品」三種關係一一相配而成九種關係，此即所謂「九句因」，今以簡表排列如下：

| | 異品全有 | 異品全無（非有） | 異品俱有（有非有） |
|---|---|---|---|
| 同品全有 | 第一句（同有・異有） | 第二句（同有・異無） | 第三句（同有・異俱） |
| 同品全無（非有） | 第四句（同無・異有） | 第五句（同無・異無） | 第六句（同無・異俱） |
| 同品俱有（有非有） | 第七句（同俱・異有） | 第八句（同俱・異無） | 第九句（同俱・異俱） |

在假設「因法」符合「遍是宗法性」那「因初相」的條件下，眞正能完全滿足「同品定有性」（包括同品全有及有非有）與「異品遍無性」（異品全無）那「因後二相」的，只有「第二句」及「第八句」，舉列如下：

第二句：同品有・異品非有（同有・異無）

如佛弟子對聲生論者立：

宗：聲是無常，

因：所作性故。

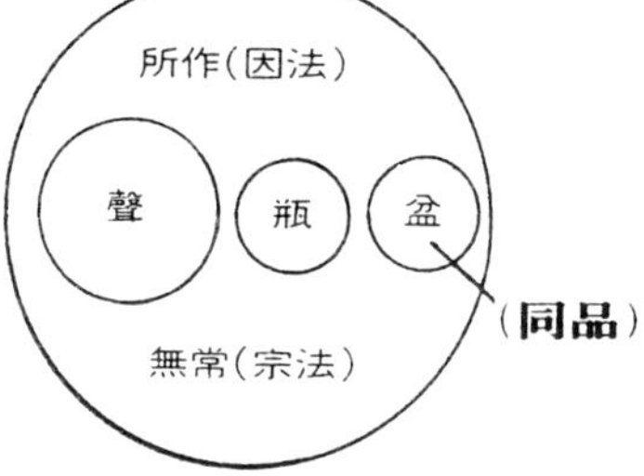


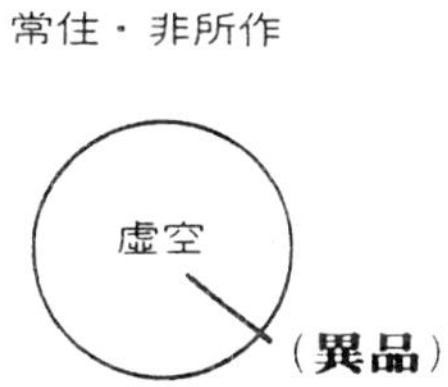


於「所作性」因法中，「瓶、盆等」同品全有，「虛空等」異品全無。如是「所作性」因法的外延，與「無常」宗法的外延完全相等（即有「所作」之處，便是「無常」之處）；「聲」既是「所作」，於是「聲」是「無常」，可無疑義，故此因是「正因」。

第八句：同品有非有・異品非有（同俱・異無）

如佛弟子對聲顯論者立：

宗：內聲是無常，

因：勤勇無間所發性故。

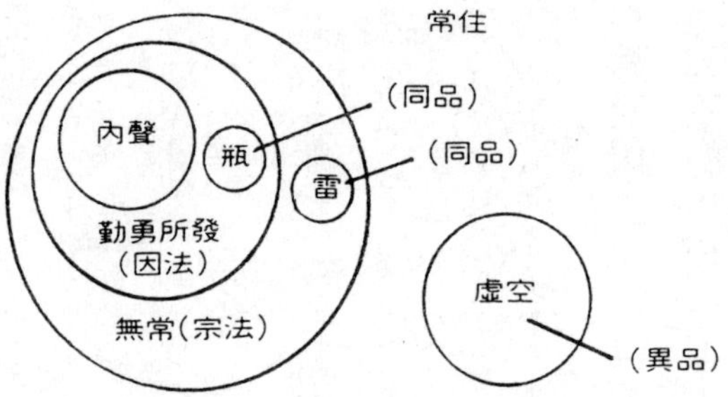


於「勤勇無間所發性」因法中，「瓶等」同品有，「雷、電等」同品則無

此因，故言「同品有非有」，但仍符合「同品定有性」彼「因第二相」；「虛空」是「異品」，乃至一切具「常住」屬性的「異品」都遍無此因，如是亦符合「異品遍無」彼「因第三相」。「因後二相」既已無缺，因狹宗寬，有「勤勇無間所發性」處，「無常」必當隨逐；「聲」既是「勤勇無間所發性」，「聲」亦應是「無常」無疑，故知此是「正因」。

餘七句中，未符合「同品定有性」之「因第二相」的有「第五句」，未符合「異品遍無性」之「因第三相」的有「第一句」、「第三句」、「第七句」及「第九句」，如是合共五句，能否成宗，猶豫不定，都是「不定因」攝。

至於對於「因第二、三相」俱不符的（即兼缺「同品定有性」及「異品遍無性」，有「第四句」及「第六句」。此二句因，非但不能證成所立「宗支」，反而證成與所立矛盾、相反的「宗支」，所以是「相違因」攝。如是於「九句因」中，是「正因」的有二，即第二、八句；「不定」的有五，即第一、三、五、七、九句；「相違」的有二，即第四、五句。因此陳那在《理門論》中，以一頌文，總結諸句云：

「於同有及二，在異無是因。

翻此名相違，所餘皆不定。」⑤

今爲閱讀上的方便，表列如下：

| | 異品全有 | 異品全無（非有） | 異品俱有（有非有） |
|---|---|---|---|
| 同品全有 | 第一句（不定用） | 第二句（正因） | 第三句（不定因） |
| 同品全無（非有） | 第四句（相違因） | 第五句（不定因） | 第六句（相違因） |
| 同品俱有（有非有） | 第七句（不定因） | 第八句（正因） | 第九句（不定因） |

除「正因」外，其餘的「不定」、「相違」諸句的實例及闡釋，當於別釋「不定」與「相違」的因過中，一一加以分析，暫且從略⑥。

㈡釋共不定：在「九句因」中，「共不定」屬「第一句」⑦，即「同品有‧異品有」。如有聲論者對佛弟子立：

宗：聲常。

因：所量性故⑧。

喻：同品如空，異品如瓶。

具「常」屬性的「同品」，如「虛空」等，遍有「所量性」因；具「非常」屬性的「異品」，如「瓶、盆」等，亦遍有此因，如下圖所示：

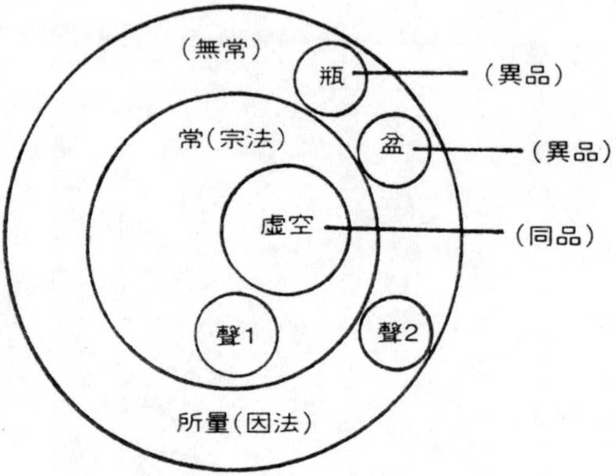


如是「同品」（如「虛空」）與「異品」（如「瓶、盆」）皆遍有此因；由此「所量」因法的外延比「常」宗法的外延還要寬廣（見上圖）。以寬因而成狹宗⑨，「所量」具「常」與「無常」兩種特性，故「聲」雖是「所量性」，但可推出兩種情況，如是「聲1」則「聲是常」，如是「聲2」則「聲無常」，

故成「不定」。其意如論文所說：「常無常品，皆共此因，是故不定。為如瓶等（異品），（是）所量性故，聲是無常？為如空等（同品），（是）所量性故，聲是其常？」以「所量性」為因，「同品」、「異品」皆遍有故，使「宗支」不能決定，故「第一句」（同品有・異品有），成為「共不定」的「似因」。

此「共不定」，若加言簡，過失可以避免。如聲論師對勝論者立：

宗：聲常。

因：「耳心心所」所量性故⑩。

喻：猶如聲性⑪。

「所量性」本是寬因（比「常」為寬），但加上「耳心心所」來加簡別，頓時變成「耳識及其相應心所的認知對象」，其外延顯得比「常」此宗法為狹。「聲性」為「同品」，於因定有，「瓶、盆」異品，於因遍無，非耳識認知對象故。「因後二相」具足，加上「遍是宗法」無誤，故此簡別因，由聲論對勝論立，便無「不定」過，成為正因，若對佛家，仍是不定因，以佛家不許

又依窺基《大疏》，此分「他比量」、「自比量」及「共比量」三種，例如：

「聲性」爲同品故。

(1)他比量：

如以佛弟子破數論：

宗：汝執之神我無常，

因：汝許二十五諦所攝故。

喻：如許五大等⑫。

彼數論立二十五諦，「自性」與「神我」是常，餘二十三諦是變易無常。今欲以彼「二十五諦所攝」爲因，以成「彼神我無常」宗，實犯「不定」過，以「無常之五大」爲同品，乃至一切無常事物爲同品，均有彼執「二十五諦所攝」之因，至於具「常」屬性的異品，唯有「自性」（剔除有法「神我」故），亦全有此因。如是所立之因，「同品」、「異品」都是全有，是「共不定因」攝，不能成爲眞能破的他比量。

⑵自比量：

如彼數論自救說：

宗：我的神我是常。

因：許二十五諦所攝故。

喻：如許自性。

於此因中，以具「常」的屬性之「自性」爲「同品」（這是唯一的同品），固有此「二十五諦所攝」因，但餘二十三諦是「異品」，也全有此因。如是所立因，「同品」、「異品」均有，是「共不定」攝，非眞能救的自比量。

⑶共比量：

如聲論者對佛弟子立：

宗：聲常。

因：所量性故。

喻：如虛空等。

此即論文所出示例，前已闡釋，今不再贅。如是無論「他比量」、「自比量」或「共比量」，只要彼所出因，「同品」、「異品」俱是全有，都是「共不定因」所攝，不是正因，只是似因，而所立量，亦非「眞能立」，而是「似能立」。

㈢釋不共不定：在「九句因」中，「不共不定」⑬屬「第五句」，即「同品非有・異品非有」。如聲論對其他派系（除勝論）立：

宗：聲常。

因：所聞性故。

喻：同品如虛空，異品如瓶盆。

具「常」屬性的「虛空」作「同品」，固無此因，乃至其他一切「同品」都無此「所聞性」因（「聲」本是所聞性，但由於剔除有法，不得作爲「同喻」）⑭，故不符「同品定有」的「因第二相」；具「無常」屬性的「瓶、盆」等，可作「異品」，亦無此因，此則符合「異品遍無」的「因第三相」，解如下圖：

由於「所聞性」因，與「同品」、「異品」都不相屬，無從把「所聞性」與「常」建立不相離的關係，也無從把「所聞性」與「無常」建立不相離關係，如是「因法」與「宗法」的「不相離性」無法建立（即不能構成一個肯定判斷命題），所以「聲」雖是「所聞」，但「聲」是「常」是「無常」仍無從

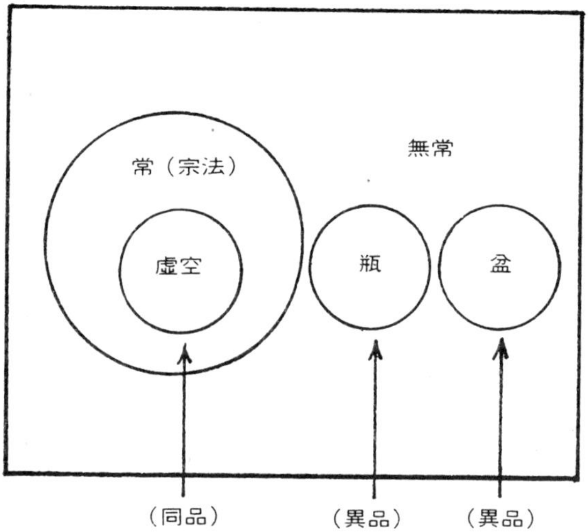


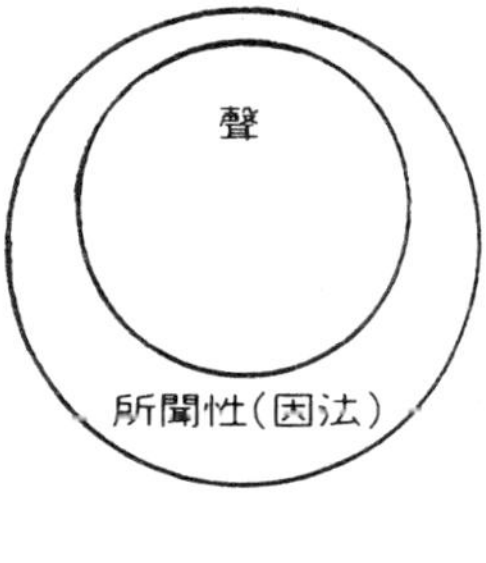

分曉，所以論文說云：「……『常』、『無常』品，皆離此因（即『所聞性』因）；『常』、『無常』外，餘非有（此『所聞性』因）故，是猶豫因。……」⑮所以是猶豫不定，因爲不能說此具「所聞性」因的「聲」，有如「虛空」是「常」，或有如「瓶、盆」等是「無常」，以彼「因」根本就沒有「同喻」以開啓敵論者，所以論文說：「此『所聞性』其猶（如）何等？」以顯示此因缺喻而引致不定。⑯

又「不共不定」也可分成「自比量」、「他比量」及「共比量」。「共比量」如前，今不贅；「他比量」及「自比量」，就其破他及自救的作用，舉例如下：

(1)他比量：

如佛弟子欲破勝論者立：

宗：汝執之「實句」應非「實句」。

因：汝執爲「德句」所依故。

喻：同品如「業句」（異品則缺）。

「業」、「大有」、「同異」、「和合」等句，都非是實，得作「同品」，此一切「同品」皆無此因，非「德句」所依故∴由於「剔除有法」，「實句」不能作「同品」，亦不能作「異品」，於是「異品」既缺，自然不能說有此因或無此因，符合「異品非有」。如是「汝執爲『德句』所依」之因，「同品非有•異品非有」，只不符「同品定有」的「因第二相」，故成不定，不成破量。

⑵自比量∴

如勝論反救云∴

宗∴我「實句」是有，

因∴許「德句」所依故。

喩∴同品如業，異品兎角。

如是一切「同品」、「異品」都無此因，是「不共不定」所攝，則勝論的救量亦不成立。

㈣釋同品一分轉•異品遍轉∴在「九句因」中，此屬「第七句」，即「同品有如聲生論師對聲顯論師立量云：

宗：聲非勤勇無間所發。

因：無常性故。

喻：同品如電、如空，異品如瓶、盆等⑰。

非有・異品有。」

「雷電」與「虛空」都「非勤勇無間所發」，得爲「同品」。其中「雷電」含有「無常」因；「虛空」不含「無常」因，故言「同品一分轉」。「瓶、盆等」皆是「勤勇無間所發」，得爲「異品」。此等「異品」皆有「無常」因，故言「異品遍轉」。解見下圖：

常

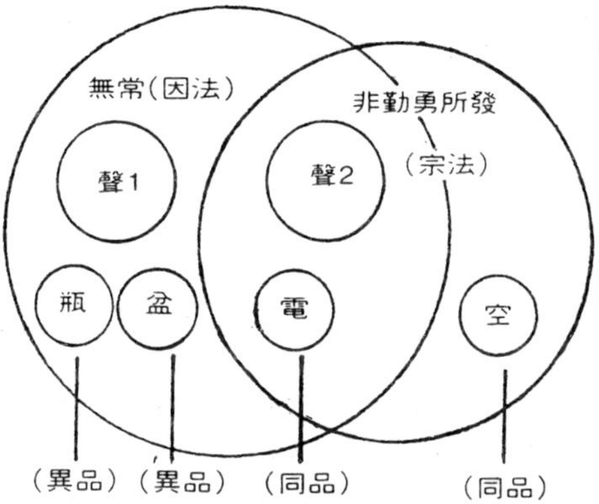


由於「同品」中，有「雷電」含有此「無常」因，故此因符合「同品定有」這「因第二相」，但所有「異品」如「瓶」、如「盆」等亦皆有此因，故未符「異品遍無」這「因第三相」的要求。如是具「無常性」者，非必具「非勤勇無間所發」義；設「聲1」是「無常」，「聲1」是「勤勇無間所發」；「聲2」是「無常」，但「聲2」卻「非勤勇無間所發」。「聲」依「無常」因，不能決定是「勤勇無間所發」，抑「非勤勇無間所發」，故稱「不定」；「不定」之由，在於「同品有非有・異品俱有」。

此不定因過，本亦可分「他比量」、「自比量」及「共比量」。「共比量」例已見前，「他比量」與「自比量」從略不贅。

㈤釋異品一分轉・同品遍轉：於「九句因」中，此屬「第三句」攝，即是「同品有・異品有非有」。如聲顯論對聲生論立：

宗：聲是勤勇無間所發，

因：無常性故⑱。

喻：同品如瓶如盆，異品如電、如空。

「瓶、盆」是「勤勇無間所發」，得為「同品」，遍有「無常」之因，故稱「同品遍轉」。「雷電」與「虛空」皆自然事物，非是「勤勇無間所發」，得為「異品」；此「異品」中，「雷電」有「無常」因，「虛空」則無，故稱「異品一分轉」。今先言「異品」，後言「同品」，故定此過名為「異品一分轉．同品遍轉」。今圖解如下：

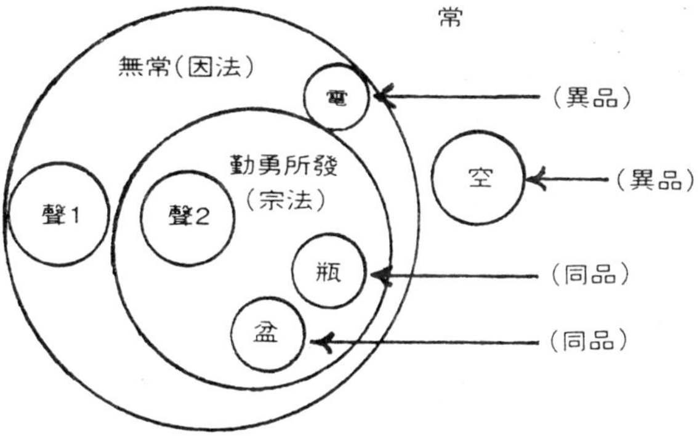


「瓶」「盆」等「同品」皆有「無常」因，此完全符合「同品定有」此「因第二相」；但「異品」中，「虛空」雖不含「無常」因，但「雷電」則有

「無常」因，故仍未符合「異品遍無」此「因第三相」。因「異品一分轉・同品遍轉」故，使「無常」因的外延，比「勤勇無間所發」之「宗法」爲寬。如在「聲1」是「無常」，「聲1」則爲「非勤勇無間所發」；「聲2」是「無常」，「聲2」卻是「勤勇無間所發」。以「無常」爲因，得不到決定的「宗法」，所以「異品一分轉・同品遍轉」的「因」，犯「不定」過。

又此過亦可分「他比量」、「自比量」及「共比量」。「共比量」如前所舉例子；「他比量」及「自比量」，則從略不贅。

㈥釋俱品一分轉：在「九句因」中，此屬「第九句」，亦即「同品有非有・異品有非有」。如有聲論師對勝論師立：

宗：聲常，

因：無質礙故⑲。

喩：同品如虛空、如極微，異品如瓶、如樂。

「虛空」與「極微」⑳，立、敵雙方都共許是「常」，得爲「同品」；但此

「同品」中，「虛空」有「無質礙」因，「極微」則無，故云「同品一分」，亦即「同品有非有（此因）」。「瓶器」與「歡樂」，立、敵共許是「無常」，得爲「異品」；但此「異品」中，「瓶器」無「無質礙」因，「歡樂」卻有，故云「異品一分轉」，亦即「異品有非有」。「同品」與「異品」都非「全分」有此因，只是「一分」有此因，合名「俱品一分轉」。今圖解如下：

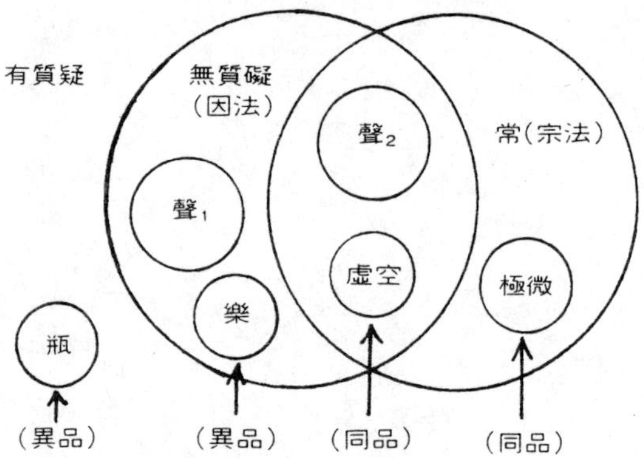


從圖中得見「同品」中部分有此因，部分無此因，但仍符「同品定有」那「因第二相」；然而於「異品」中亦部分有此因，部分無此因，則不符「異品

遍無」彼「因第三相」。有違一相，是不決定因，非正因攝。且從「俱品一分轉」的圖解中，可見「無質礙」因，只部分被涵攝於「宗法」「常」之內，而部分則在「常」之外（即屬「無常」），如是「宗支」的「聲」雖具「無質礙」因（按：即符合「（因）遍是宗法」的要求），但其情況有二：於「聲1」是「無質礙」，但不具「常」的屬性；於「聲2」是「無質礙」，卻具「常」的屬性。如是以「無質礙」爲因，卻無法決定是「常」，抑是「無常」，故有「不定因」過；成過之由，在於「因」於「俱品一分轉」，故名「俱品一分轉」的不定因過㉑。

此「俱品一分轉」的不定因過，亦可分「他比量」、「自比量」及「共比量」。「共比量」的例子，如上文所舉；至於「他比量」與「自比量」，從略不贅。

(七)釋相違決定：此不定因過，是在「九句因」外別立。上述的五種「不定因」，或違「因第二相」所構成（如「不共不定」），或違「因第三相」所構成

（如：「共不定」、「同品一分轉・異品遍轉」、「異品一分轉・同品遍轉」及「俱品一分轉」）。至於此「第六（種的）相違決定（不定因過，卻是）具三相因，各自決定，成相違之宗」㉒。故知「相違決定」的構成是非常特殊，完全具足「三相」的兩個不同的「因」，竟然足以證成兩個彼此矛盾相違的「宗」。如有勝論師對聲生論師立：

宗：聲是無常。

因：所作性故。

喻：（同法喻）：若是所作，見彼無常，譬如瓶等。

（異法喻）：若被是常，見非所作，如虛空等。

此「所作性」因，三相具足，足以證成「聲是無常」，前章「辨因」與「引喻」中已多次反覆論說，今例可解。但在聲生論者的立場，對勝論師，可別舉一因，證成與彼相違的宗，如言：

宗：聲常，

因：所聞性故，

喻：（同法喻）：若是所聞，見彼是常，譬如聲性㉓。

（異法喻）：若彼無常，見非所聞，譬如瓶等。

此二相違的比量，所依的「因」都是「三相」具足，說名「決定」，以是「正因」能決定「宗義」故。但所證成的「宗義」，一說「聲是無常」，一說「聲常」，彼此矛盾，故曰「相違」。以「決定」的因，以成「相違」的「宗」，「令審察者，智成躊躇。」（借《大疏》用語）故名「相違決定」的「不定因過」。

依邏輯的理論來說，世間事物或是「常」或是「無常」，「常」與「無常」兩種屬性必居其一，因爲「常」與「無常」是矛盾詞；依「排中律」（law of excluded middle），「常」與「無常」乃整個論宇（universe of discourse）之全，除此並不容有第三者的存在。故「聲常」與「聲無常」二者必有一當，必有一命題是眞的。再從邏輯的「矛盾律」（law of non-contradiction）來看，「常」與「無常」彼此矛盾，必定是此眞彼假，此假彼眞；故「聲常」與「聲無常」亦必有一眞，必有一假，二者不能同眞，不能同假，所以是應有「決定」的，故法稱（Dharmakirti）把「相違決定」因過廢除了㉔。

既然兩相違宗，依邏輯的理論說，必然不能同時是眞，那末，「相違決定」如何可能？因爲，因明不是一種純粹的演繹推理，而是由「同品」與「異品」跟「因」的關係作正反兩面的歸納，而獲得「同喩體」及「異喩體」，依此因喩以歸證「宗支」無誤。如上述勝論師對聲生論立「聲是無常」宗，「所作性」因，先從「同品」作歸納，「瓶」是「無常」，「瓶」是所作，「盆」是「無常」，「盆」是所作……，如是歸納仍不能肯定有「所作」之處，必是「無常」，所以須從反面再作歸納：「虛空」是「常」，則「虛空」非「所作」，如是乃至一切可經驗的具有「常」的屬性的事物，皆見彼非是「所作」，如是綜合二種歸納可以得出兩個原則命題：

(1)若是所作，見彼無常（凡所作皆是無常）。

(2)若彼是常，見非所作（凡彼是常，皆非所作）。

但在上述歸納中，並未有包括「宗支的前陳主語」，因爲就論辯的立場來看，「宗支的前陳主語」的特性，正是立、敵雙方爭論的焦點。如前面的舉例中，「聲」究竟是「常」抑是「無常」，立、敵正在爭論不決，不能作爲「同品」，也不能作爲「異品」的例證，以「同品」、「異品」須立、敵共許，今既未得共許極成，所以在歸納過程當中必須予以剔除，這就是《大疏》所謂「剔除有法」的理論依據。如是「剔除」了「有法」，則雖作正反兩面歸納，也不能達到「全幅歸納」（complete induction）的目的。歸納既非全幅，推論便不具必然性，也就是留有機會讓對方從別的角度來作相反的推論，「相違決定」便乘此漏洞而得以成立。

就以上述勝論與聲論的爭辯爲例，勝論所立「聲無常」宗，「所作性故」因，本來是正確的，但恰巧勝論主張有「聲性」的存在，這「聲性」一面是「常」的，一面是具「所聞性」的，因此須聲論師便可以對勝論師立與彼相違的「聲常」的宗，以「所聞性」爲因，以「若是所聞，見彼是常，譬如聲性」爲「同法喻」，以「若彼無常，見非所聞，譬如瓶等」爲「異法喻」。假若不剔除「有法」（聲），此因、喻是根本不能成立的，何以故？若許以「聲」爲例證，則「聲是無常」，亦是「所聞」，這便使「同法喻」的「若是所聞，見彼是常」不能成立，因爲「聲是所聞，聲卻非常」，那麼上述的「同法喻」便不正確了。同理，「若彼無常，見非所聞」也不能成立，因爲「聲是無常，聲卻是所聞」。如是以「聲」爲「異品」（非常故），而「異品」具「因」（所聞性）的性質，便不符「因第三相」「異品遍無」，因而聲論所據的「因」也非「三相具足」；那麼聲論的反駁便歸於無效，而「相違決定」也不能出現。

可惜，立、敵對辯之時，「宗」的主詞「有法」（如上述的「聲」），正是爭論的焦點，不能說它是「常」，或是「無常」，不能以彼作「同喻」或「異喻」，必須排除於歸納範圍之外，於是在「剔除有法」的情況下，綻開漏洞，讓聲論有機可乘，利用勝論相信有常的「聲性」存在這個觀點，而別立「聲常」這相違的宗，使彼此兩敗俱傷，而出現「相違決定」的局面。從邏輯之理來說，「聲無常」與「聲是常」這兩個相違的「宗」，究竟不能同眞，所以它們所依據的「因」也變成猶豫，不能肯定孰是正因，孰非正因，所以只好把它們歸到「不定似因」的範疇中去，因爲它們既非「正因」，便不能開啓敵者、證者的智慧故。

如是面對着兩個含有「相違決定因」的論式時，如何解決而評定其是非對錯呢？據窺基《大疏》所載，古有「如殺遲棋，後下爲勝」的判斷勝負的方法㉕。那就是說：勝論立量在先，聲論立量在後，二量俱成「相違決定」時，則聲論爲勝，勝論爲負，以勝論爲立量者，不能以正因啓迪聲論的正智。就論辯的角度來評斷，那規則也未嘗無理。不過，就眞理的探索來說，「相違決定」中的兩「相違宗」，依排中律言，必有一眞，必有一假，如何評判？陳那在《因明正理門論》中㉖，以合於「現量」（經驗的感官知覺）及「聖教」者爲勝。

窺基《大疏》引申此說，所謂「現量」，是指世間可以經驗到「聲」的生起顯發，是有間斷的，故非常住，所以依「現量」爲據，則勝論所立「聲是無常」，才是眞宗，若依眞宗（正確主張），則當判勝論得勝，聲論當負。所謂「聖教」，窺基說當依釋迦聖教，「釋迦佛現證諸法，見聲無常；依現（量）說教，教說無常」；今勝論立「聲是無常」，故勝論當勝，契聖者所證的眞理故㉗。但這種評斷原則也不無困難，何則？陳那唯取「現量」、「比量」，今何以兼取「聖教量」？且勝論與聲論對辯，怎會依第三者的「聖教」（佛家的聖教）為準？這是依「聖教」為斷的困難所在。

再者，立、敵論辯，所辯的中心主題非定與「現量」相應的，如佛家轉法輪中所立的「苦應知，集應斷，滅應證，道應修」，那便非「現量」所能證得，那麼應依「現量」為斷也有困難。筆者愧不自揆，嘗提出以「概然率」的高下為斷，今恐繁不贅，有志者可參考拙著《因明相違決定的批判》一文㉘。

又論辯者的立量，可有三種：即共比量，他比量及自比量。上文所載，勝論與聲論所立的都是共比量。至於他比量也有「相違決定」的，如有不善巧的大乘學者欲破說一切有部（Sarvāstivādah）的「無表色」㉙，立「他比量」：

宗：汝「無表色」定非實色，

因：許無對故，

喻：（同法喻）若許無對，汝許非實色，如心、心所。

（異法喻）若許實色，汝許有對，如根境等。

這論式所依的「因」本是「三相」無缺，但說一切有部卻立「自比量」以自救：

宗：我「無表色」是實色，

因：許色性故（自許具有物質的本質）。

喻：（同法喻）若許色性，見許是實色，如自許色、聲等。

（異法喻）若不許實色，見不許色性，如自許心、心所。

此「自比量」，「因之三相」也是具足，自救量成。如是兩者的比量，二因決定，而成相違的宗（一者「汝無表色非實色」、一者「我無表色是實色」），因既猶豫，不能啓迪敵論的正智，故大乘所立的「他比量」，屬「他相違決定」不定因過所攝，不具能破的作用。

話說回來，假若說一切有部欲先立「自比量」，以自顯「無表色」是實色，而所運用的「因」、「喻」悉如上述的救量的格式，則大乘也可以運用上述的「他比量」來破斥，如立量云：

宗：汝無表色定非實色，

因：許無對故，

喻：（同法喻）若許無對，汝不許是實色，如心、心所等。

（異法喻）若許實色，汝許有對，如根境等。

如是說一切有部所立的「自比量」與大乘所立的「他比量」雖是相違，但「因」皆決定，那麼說一切有部所立的量（即前救量），便有「自相違決定過」。至於「有法自相相違」、「有法差別相違」、「法自相相違」及「法差別相違」等四類，屬「相違因過」所攝，下節將予分別，今不贅。

**【註釋】**

①據義淨所傳，陳那著有《因門論》。依呂澂的看法，此《因門論》應即是《因輪論》。《因輪論》只有藏譯本，漢文本則從藏文本翻出，今載於《內學》第四輯中。

②首句呂澂加上夾註，而成「又〔宗法〕於同品有」句。「宗法」是指「因」，「因初相」言「〔因〕遍是宗法性」故，見呂澂《因明入正理論講解》，頁二五，中華版。

③如是因法於同品的三種關係，亦可簡稱為：（i）同有、（ii）同無、（iii）同俱。

④如是因法於異品的三種關係，亦可簡稱為：（i）異有、（ii）異無、（iii）異俱。

⑤此句意云：於同品有及有非有，而於異品非有的，是「正因」攝；與此相反的（即：於異品有及有非有，而於同品非有）是「相違因」，所餘各句（即「同品有・異品有」、「同品有・異品有非有」、「同品非有・異品非有」、「同品有非有・異品有」及「同品有非有・異品有非有」）都是「不定因」。

⑥吾師羅時憲先生，撰《唯識方隅》，把「九句因」的今例撰述出來。茲特簡錄以供讀者參考（見香港佛教法相學會版，頁一一六至一二一）：

第一句：同品有・異品有。

宗：人是有死之物，

因：存在物故。

（「同品」犬、馬遍有因；「異品」金、銀亦遍有此因。）

第二句：同品有・異品非有

宗：人是有死之物，

因：是生物故。

（「同品」犬、馬遍有此因；「異品」金、銀遍無此因。）

第三句：同品有・異品有非有

宗：人是動物，

因：是生物故。

（「同品」犬、馬遍有此因；「異品」草、木有此因，但銅鐵則無此因。）

第四句：同品非有・異品有

宗：人是不死之物，

因：是生物故。

（「同品」金、銀遍無此因，但「異品」牛、馬則遍有此因。）

第五句：同品非有・異品非有

宗：人是生物，

因：是理性動物故。

（「同品」牛、羊遍無此因；「異品」金、銀亦遍無此因。）

第六句：同品非有・異品有非有

宗：人是不會死之物，

因：是動物故。

（「同品」金銀遍無此因；「異品」牛羊有此因，草木則無此因。）

第七句：同品有非有．異品有

宗：人非動物，

因：是生物故。

（「同品」草木有此因，金銀無此因；「異品」牛羊遍有此因。）

第八句：同品有非有．異品非有

宗：人是有死之物，

因：是動物故。

（「同品」牛羊有此因，草木無此因；「異品」金銀遍無此因。）

第九句：同品有非有．異品有非有

宗：人是黃色之物，

因：是動物故。

（「同品」黃牛、黃馬有此因，黃花、黃金無此因；「異品」白兎、黑狗有此因，紅花、綠玉無此因。）

⑦論文中所謂「此中共者」的「共」字，指「共不定」。「共」者，「同品」、「異品」皆共遍有此因。

⑧「所量」是「認知對象」義。

⑨「所量性」的外延比「常」的外延爲寬，「所量性」是因法，「常」是宗法；以因成宗，因寬而宗狹（「因」的涵攝範圍較「宗」爲寬，「所量性」可涵攝「常」的事物及「無常」的事物），故以「所量性」因以成「常」宗，名曰以「以寬因而成狹宗」。

⑩「耳心心所」者，謂耳識的心王及心所。此間以「耳心心所」來限制「所量性」。

⑪「聲性」的「性」一方面指「凡聲都具所聞性」，一方面是指聲這事物有別於另一事物的主要性質，如「聲」有「聲性」故有別於「色」、「香」等，聲具所聞而異於色、香等的特性，此特性是不變的、定常住的，故「聲性」亦是常住的，而又共許它是耳識及其相應心所的認知對象。見呂澂的《因明入正理論講解》頁三四至三五。

⑫「二十五諦」如前所說，是「神我」、「自性」及由「自性」衍生的餘二十三諦。「五大」即空、風、火、水、地五大種，是二十三諦中所攝，亦是二十五諦所攝。此是數論義。

⑬論文中所謂「二、不共」者，是指第二種「似因」，稱爲「不共不定」，即「同品」與「異品」都非有此因。

⑭聲論雖然許「聲性」是「所聞性」，但非餘宗所許，不能作爲「同喻」；若對勝論，則共許「聲性」是「同法喻」，同有異無，可成正因。因此「同品非有·異品非有」的例子中，說明立量對象，不包括勝論，使所舉例子具代表性。

⑮「所聞性」因，只有「有法」（宗的主語）「聲」有那種屬性，其餘無論是「常」的「同品」或「無常」的「異品」，如虛空、如瓶、如盆等等一切事物，均不具有「所聞性」；而「常」與「無常」是統攝一切法盡（依「排中律」，law of excluded middle），「所聞性」因卻被排除在「常」與「無常」之外，使人產生疑惑，故云「常、無常外，餘非有故，是猶豫因」；既不能依此「因」以決定「聲是常」或「聲非常」，故成猶豫。

⑯「所聞性因」唯在聲上有，不能藉「同品」、「異品」以歸納出「同法喻」的「喻體」來，以證成「宗支」是可靠的。以缺「喻體」、「喻依」，故論文說：「此所聞性，其猶（如）何等？」（意云：如此「所聞性」因，以缺喻故，可用甚麼來作類推比況呢？）如窺基《大疏》所說，問題在「舉因無喻，因何所成？」

⑰此量除犯「同品一分轉．異品遍轉」外（按：「轉」是有義、包含義。「同品一分轉」，意謂於同品中，部分含有此因；「異品遍轉」意謂於異品中，全部含有此因）。宗、因亦兼犯其他過失，如：

(a)宗支兼犯「一分俱相符極成過」，因爲聲有內聲、外聲之別。外聲非勤勇無間所發，這是主、敵雙方所共許的，今無言簡，是以有過。

(b)因支兼犯「兩俱不成過」，因爲聲生、聲顯立、敵雙方都不許「聲是無常」故。

⑱此量除本過外，宗、因兼犯餘過：

(a)宗支兼犯「一分俱相符極成過」，因「內聲」是「勤勇無間所發」，立、敵共許故。此「聲」應唯指「外聲」始可無過。

(b)因支兼犯「兩俱不成過」，見前註⑰。

⑲「質礙」是指物質性的妨礙；即甲物佔有某一空間，餘物不能同佔此同一空間。不具有此種不可入性的，說名「無質礙」。「聲是無質礙」，如鑼聲與鼓聲可於同一空間出現。

⑳「極微」指「四大種子」，和合可構成物質世界，物質世界變壞復回歸爲極微；故聲論、勝論等均認爲極微是常，且具「有質礙性」。

㉑本節論文的結論云：「是故此因，以樂以空，爲同法故，亦名不定。」所謂「同法」即是「同法喻」，或名「同喻」。意思說：以類此推度，譬如樂等，樂等是「無質礙」，樂等是「無常」；譬如虛空，虛空是「無質礙」，虛空卻是「常」。今「聲」是「無質礙」，「聲」當是「常」，如「空」等，或應「無常」，如「樂等」？「是常」是「無常」，既無決定，故此因亦「不定」攝。

㉒按：此依窺基《大疏》文字，而加以補足。

㉓按：其詳可參考註⑪。

又按：以「所聞性」因，成「聲常」，唯對許「聲性」作同喻者（如勝論師）容可無過，若對一般人立，此因便犯「不共不定」過，以對方不許「聲性」爲「同品」，因而有缺「因第二相」故。

㉔其詳可參考拙著《因明相違決定的批判》，見《法相學會集刊》第二輯。

㉕見《大正藏》卷四四、頁一二六。

㉖見《大正藏》卷三二、頁二。所謂「於此中現、教力勝」。

㉗同見註㉕。

㉘同見註㉔。概而言之，因的概然率（此指因的後二相所構成喩體的概然性），可以下面爲公式求得：

$$\frac{\text{因同品兼宗同品}}{\text{因同品}}\times 100\%$$

勝論立量（「聲無常」宗「所作性」因，「如瓶」喩），依因後二相的概然率應是：

$$\frac{8-1}{8}\times 100\%$$

而聲論所立量（「聲常」宗，「所聞性」因，「如聲性」喩），依因後二相的概然率應是：

$$\frac{2-1}{2}\times 100\%=50\%$$

如是，由於勝論的「$\frac{8-1}{8}\times 100\%$」的眞值比聲論的「50％」爲高，故知聲論當負，勝論當勝。

㉙說一切有部，音譯爲薩婆多部，略稱「有部」。該小乘部派主張「三世實有」。「色」是物質現象，可分爲兩大類：一者「表色」，或有見有對（對是「對礙」義），如眼、耳、鼻、舌、身等根以及色境；或有對無見，如聲、香、味、觸等境。二者「無表色」，無見

無對，那是指一切業行（活動）所留存下來的物質性勢用。該派主張「有表」、「無表」那兩大類的物質現象，一如心與心所的精神現象，其法體都是過去、現在、未來三世實有存在的。

(c)相違因

【正文】相違有四：謂法自相相違因(1)、法差別相違因、有法自相相違因、有法差別相違因等。

此中「法自相相違因」者，如說：「聲常，所作性故，或勤勇無間所發性故。」此因唯於異品中有，是故相違。

「法差別相違因」者，如說：「眼等必為他用，積聚性故，如臥具等。」此因如能成立「眼等必為他用」，如是亦能成立所立法差別相違「積聚他用」，「諸臥具等」為「積聚他所受用」故(2)。

「有法自相相違因」者，如說：「有性非實、非德、非業，有一實故，有德、業故，如同異性。」(3)此因如能成遮「實等」，如是亦能成遮「有性」，俱決定故。

「有法差別相違因」者(4)，如即此因，即於前宗有法差別「作有緣性」，亦能成立與此相違「作非有緣性」，如遮「實」等俱決定故。

【註文】

(1)依《藏要》校梵藏二本，此過名「顚倒能立法自相因」，餘三相違立名例同。

(2)依《藏要》校梵本，此段文云：「如說眼等是爲他者，積集性故，如臥褥坐具等分；猶如此因能成眼等是爲他性，如是此因亦能成立所謂他者（梵本補註云『神我』）是積集性，兩俱決定故。」藏本此段譯文訛略。

(3)依《藏要》校梵藏二本，次下文云：「猶如此因能立有體之物非是實等，如是此因亦能成立有體之物非是有性。」

(4)依《藏要》校梵本，次下文云：「如即此因亦能顚倒前宗有法差別之與有作緣性，而成立爲與非有作緣性，兩俱極成故。」藏本此處文訛略。

〔一〕概述：不正確的「因」說名「似因」。「似因」共有三大類，即「不成因」、「不定因」和「相違因」。前文已經對「不成因」及「不定因」作過詳盡的分析和說明，今當接着介紹「相違因」。

構成「相違因」的原因，是由於所出的「因」既不符合「同品定有性」，也不符合「異品遍無性」，於是「因」的「後二相」俱缺，以致非但不能證成所立的「宗法」，並且反而成立了與本欲建立的「宗法」相反的「相違的宗」，所以把這種缺「後二相」的因，名爲「相違因」。如立量云：

宗：杜鵑是動物。

因：能開花故。

於同品中，凡是動物都不開花（如人、如馬），於異品中，有非動物（如梅、如菊）也能開花，故「（杜鵑）能開花」此因，不能成立「杜鵑是動物」這個「宗」，反而成立了與它相反相違的「宗」（即：「杜鵑非動物」），如立量云：

宗：杜鵑非動物。

因：能開花故。

喻：（同法喻）若彼開花，見非動物，如梅、菊等。

（異法喻）若是動物，見不開花，如人、馬等。

如是「（「杜鵑）能開花」這個「因」，非但不能成立本欲建立的「杜鵑是動物」那個「宗」，反而成立了與此相違的「杜鵑非動物」彼「宗」，所以便說名「相違因」。

但「相違因」有異於「相違決定」，何者？「相違因」不必改因而能決定成立相違的宗①，因爲「因」的本身不符合「同品定有」及「異品遍無」這「因後二相」的要求②；但「相違決定」則必須改因，使立敵各自成立彼此相違的「宗」，而「宗」雖相違，不過所依的「因」卻是「三相具足」而「決定」能成立各自的「宗」，所以「因」只成猶豫，不屬「相違因」，只屬「不定因」而已。

就「因明」的發展來說，正理派只立一種「相違因」，陳那及商羯羅主則開成四大類，到後來法稱系因明（Dharmakirti's Logic）又廢其三，只保留「法自相相違」一類。何以陳那與商羯羅主能把相違開成四種？因爲「因支」不符「後二相」，使「宗」成相違。而構成「宗支」的有兩部分：其是一前陳的「宗的主語」，亦名「有法」；其二是後陳的「宗的謂語」，亦名爲「法」。無論「有法」或「法」都是概念，所有概念都可有「顯明意義」和「暗含意義」。如以「無常」這個概念爲例，說有A物不守固常，變動不居，立敵雙方都在言陳上共許A物是「無常」，這樣的「無常」是指它的「顯明意義」，在因明上叫它做這個概念的「自相」；但A物雖許爲「無常」，甲方可能指它是「刹那無常」、乙方可能指它是「轉變無常」，丙方可能指它是「壞滅無常」，那末在意許上立敵未必共許，這樣的各種「無常」是指它的「暗含意義」，在因明上叫它做這個概念的「差別」③。如是在「宗的有法（主語）」可有言陳上的「自相」及意許上的「差別」；在「宗的法（謂語）」也有其言陳上的「自相」及意許上的「差別」，因此構成四句，表解如下：

- 宗支
  - （主語）有法
    - （言陳）自相
    - （意許）差別
  - （謂語）法
    - （言陳）自相
    - （意許）差別

由於「宗支」由「有法」及「法」所構成，而「有法」及「法」又各分「自相」及「差別」二義，於是「相違」的宗，可分四類：

一者、「法自相相違」（如「S是P」與「S非P」）

二者、「法差別相違」（如：「S是P(a)」與「S是P（-a）」）
三者、「有法自相相違」（如「S是P」與「-S是P」）
四者、「有法差別相違」（如「S(a)是P」與「S（-a）是P」）
「宗支」是要有「因支」來證成的，「因得果名」，「相違宗」既有四類，故「相違因」也因此而分成四類，名稱跟隨「宗支」，不再別立。

有問：「相違因」只取「法自相相違」已足，何必分成四類？答言：因明除具邏輯性外，兼具悟他的論辯性。在論辯時，很多時立量者爲了避免「不極成過」，往往在「宗支」的「法」或「有法」上採用矯立的「差別義」。如「有鬼論者」對「無鬼論者」立共比量時，便不能運用「鬼」這個概念，他將會採用「死後所遺」來作代替。於是「死後所遺」一詞，便暗含着「鬼」及「屍」兩種「差別義」④。敵者要識破這種偷天換日的「鬼計」，所以得諳熟「有法差別相違」和「法差別相違」二過。至於「有法自相相違」的建立，目的在警惕立量者，於立「因」時，不要翻過來連「宗的有法」也一起給否定了去。

又「法差別相違」與「有法差別相違」中的「差別義」，並非指某一概念的「自相」外的一切意義，而只是特指立敵雙方針鋒相對的「差別義」；如「眼等必爲他用」宗的「他」，在佛家指「積聚所成的他」，在勝論則指「神我的非積聚所成之他」，彼此針鋒相對，此等「差別義」才是「相違因」所應關注的地方。所以窺基《大疏》說：「凡二差別名相違者，非法、有法上除言所陳餘一切義皆是差別，要是兩宗各各隨應因所成立、意之所許、所諍別義，方名差別。」⑤其義當知。

㈡釋法自相相違因：在四相違因中，「法自相相違」是第一種，也是最基本的一種，法稱廢餘三種相違後，這更是唯一的相違因。爲要說明「法自相相違因」，《因明入正理論》一共舉了兩個例子。其一是設聲生論師對勝論師或佛家立量：

宗：聲常。

因：所作性故。

喻：（略）

「所作性故」因，對「聲常」宗，犯了「法自相相違」過。何則？因為一切具「常」性質的「同品」（如：虛空），都沒有此因（即：不是所作的），故不符「同品定有」的「因第二相」。再者，一切與「常」相違的「異品」（如：瓶、盆等），皆有此因（即：都是所作），故無從止濫，不符「異品遍無」的「因第三相」。如是要歸納成「若是所作，見彼是常」這個「同喻體」便不可能，這個「同品非有」而「異品有」的「因」，在陳那「九句因」中屬「第四句」，實不能證成所立宗的（即「聲常」），今試以圖解如下：

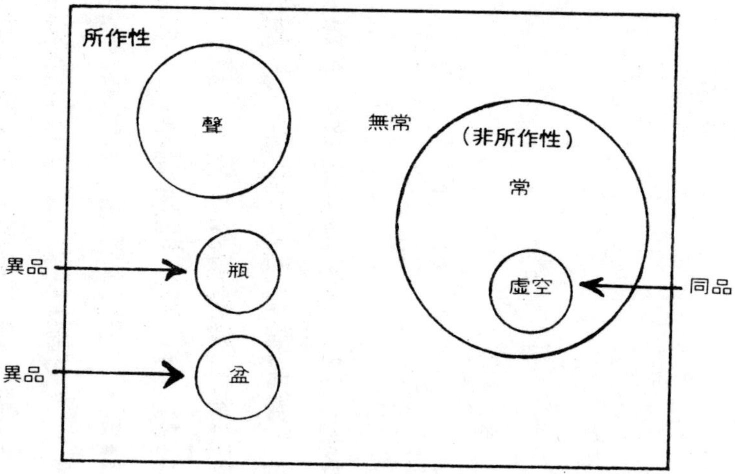
所作性
聲
無常
（非所作性）
常
異品
瓶
異品
盆
虛空
同品

在缺「後二相」（正因應是「同有異無」，今反而是「同無異有」）的情況下，「聲是所作」因，不但無法證成「聲常」宗，相反地證成了與所欲立相違的「聲是無常」的「宗」（見圖）；如是勝論或佛家，得以同一的「因」，成相違的「宗」：

宗：聲是無常。

因：所作性故⑥。

喩：（同法喩）若是所作，見彼無常，喩如瓶等。

（異法喩）若彼是常，見非所作，如虛空等。

如是「所作性」因，不能證成所欲立的「聲常」宗，反成「聲是無常」的「相違宗」，所以此因依果立名，名「相違因」。又「聲常」與「聲是無常」二宗，相違的在後陳（宗的謂語），後陳名爲「法」。又相違的是言陳上「顯明意義」的「自相」（字面上的「常」與「無常」），而不是意許上「暗含意義」的「差別」。因此這種「相違因」名爲「法自相相違因」。

「法自相相違」的第二個例子，是設有聲顯論師對勝論師或佛家立量：

宗：聲常（按指「內聲」）。

因：勤勇無間所發性故。

喻：（略）

這比量，以「虛空」等爲「同品」，此於因上俱無（即「同品非有」）；以「瓶、盆、電光」等爲「異品」，其中「瓶、盆」等有此因，「電光」等無此因，故「異品」於此因有非有。「同品非有」而「異品有非有」，在「九句因」中屬第六句，是相違因。今圖解如下：

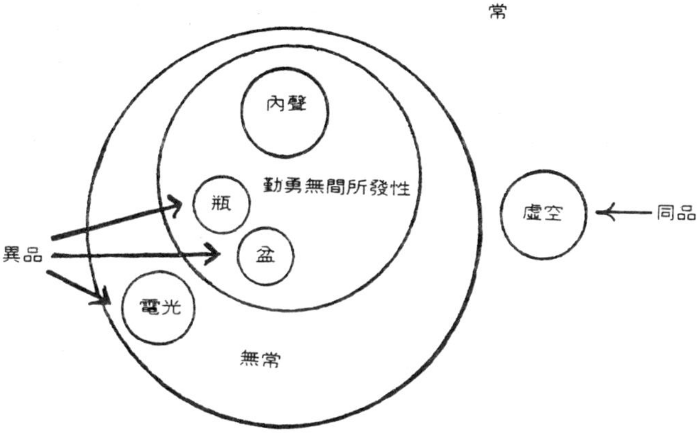


依上圖所顯示，「勤勇無間所發性」因，非但不能證成「(內)聲是常」宗，反而證成「(內)聲無常」此相違的宗，以其未能符合「同品定有」及「異

品遍無」這「因後二相」，所以成為「相違因」。今不改此因，而勝論或佛家亦可立一個有效的相違宗，如說：

宗：（內）聲無常。

因：勤勇無間所發性故。

喻：（同法喻）若勤勇無間所發，見彼無常，如瓶、盆等。

（異法喻）若彼是常，見非勤勇無間所發，如虛空等。

今「勤勇無間所發性」因，反成「（內）聲無常」此相違的宗⑦，所以亦成為「法自相相違因」了。

或有問言：「法自相相違」與前「宗支」的「比量相違」有何區別？答云：「比量相違」屬「宗過」：如說「瓶、盆是常」宗，不必立因而世間共知其與事實相違（依比量），不能成立。至於「法自相相違」則屬「因過」，當立宗時（如立「聲常」宗），還不能決定其是否犯「比量相違」，必待其出因，然後才能加以判斷，如出因是「所作性故」或「勤勇無間所發性故」，則此二因由於不符「因後二相」的要求，便成「法自相相違因」。如對勝論，以「所聞性故」爲因，以「聲性」爲喻，則「因後二相」不缺，便不成爲「法自相相違因」了。所以唐道巘著《義心》云：「比量相違，遍乖一切，(如)立『瓶是常』，無因(亦可證)成故。此（『法自相相違』）立『聲常』，不乖衆解，對『聲性』因(按：其意應指以『所聞性故』爲因，以『譬如聲性』爲同喻)，許成立故。」⑧他的含意與我們在上文所論述者相同，讀者可解，今不重贅⑨。

㈢釋法差別相違因：此是「相違因」中的第二種，如數論師對佛弟子立：

宗：眼等必爲他用。

因：積聚性故。

喻：如臥具等。

所謂「眼等」是指數論派「二十五諦」中的「五知根」，即所謂眼、耳、鼻、舌、皮⑩，亦即佛家所謂眼、耳、鼻、舌、身等「五根」，立敵共許，所以「宗的前陳主語」是極成的。至於「必爲他用」這個「宗的後陳謂語」，在表面意義的「言陳」上也是共許的。不過在暗含的意許意義上，數論跟佛家卻有着明顯的、針鋒相對的分歧。因爲數論派是二元論者，認爲宇宙萬有的根源是物質性的「自性」（prakṛti）和精神性的「神我」（puruṣa）靈魂。「自性」受了「神我」的影響，於是發展了「大」（理性的覺的意義）。從「大」生發了「我慢」（自我意識的意思）。「我慢」又分二類：一者是「變異我慢」，一者是「太初我慢」。從「變異我慢」產生了「五知根」（耳、皮、眼、舌、鼻）、「五作根」（舌、手、足、男女根，及大遺根）和認知性的「心根」；從「太初我慢」產生了「五唯」（色、聲、香、味、觸等五種認識上極爲微細與無差別的物質）。由「五唯」則產生「五大」（地、水、火、風、空等五種有差別的較粗物質）。於是器世界及個體生命便由此產生⑪。而數論所說的「他」便有兩重意義：

「他」
- 非積聚性的他——即是「神我」
- 積聚性的他——由「五唯」、「五大」積聚而成的「假我」

假若數論對佛弟子以「積聚性他」立量：

宗：眼等必爲「積聚性他」所用。
因：積聚性故。
喻：如臥具等。

則「因」、「喻」雖無過失，但「宗支」卻犯了「相符極成」，不能啓發敵智，不能產生悟他作用，因爲佛家跟數論根本就共許極成「眼等諸根必爲積聚性他（假我）所用」。就數論的角度來說，他們雖認爲眼等根爲「積聚性他用」，但所用劣，而爲「非積聚性他用」則爲殊勝。他們立量的目的，是藉着「他」這個「宗的後陳謂語」來矯立「非積性他」那個「神我」的存在。但他們又不能清楚明確地使用「非積聚性他（神我）」這個詞語；假使用了，便會出現種種過失，如立量說：

宗：眼等必爲「非積聚性他（神我）」所用。
因：積聚性故。
喻：如臥具等。

此量於「宗支」有「能別不極成過」，因爲佛家不許有「非積聚性他（神我）」的存在。於「因支」，則此量並無同品，因為跟「非積聚性他（神我）用」有着同性質的共許事例而又具「積聚性」的「因」義者實在找不到，所以缺「同品定有相」；又凡是「異品」的「是積聚性他（假我）所用」的共許事例，都有此因（具積聚性），所以亦缺「異品遍無相」。如是「因後二相」俱缺，於「九句因」中屬「同品非有而異品有」的第四句，是「相違因」攝。至於「喻支」亦犯「所立不成過」（有關喻過其詳見後，今不贅述）。所以數論意許所要成立「眼等必為非積聚性他（神我）所用」的宗是不能成立的，如以「積聚性故」為因，便犯「相違因過」，所以只好用瞞天過海的伎倆，矯立「眼等必為他用」，等敵方接納了，便指出「他」者是他們意許「神我」的「非積聚性他」。敵方稍一不察，便會墮進他們的圈套中去。佛弟子若有先見之明，便可以不改原有的「因支」，建立與數論「宗支」相違的比量，如立論說：

宗：眼等必為積聚他用（勝）⑫。

因：積聚性故。

喻：（同法喻）若是積聚性，見為積聚他用，如臥具等。

（異法喩）從略⑬

此比量中，以臥具爲同品：臥具爲積聚他用，本身亦是積聚性，立敵俱許，故符合「同品定有」這「因第二相」；於此量中，根本沒有共許極成的「異品」（「非積聚他——神我」不是共許極成故），所以也符合「異品遍無」那「因第三相」；「眼等」是「積聚性」，立敵共許，符合「遍是宗法」那「因第一相」。三相無缺，自是正因，適足以證成與數論意許所立的相違宗。

相違的部分在「宗後陳謂語」「宗法」的差別義上——數論利用含糊概念的「他用」，意許爲「非積聚他（神我）用」這個差別義，而佛弟子卻不改彼因，反而證成跟數論意許相反的「積聚他用」。以「積聚性故」因，可成「眼等必爲積聚他用」宗，不成「眼等必爲非積聚他用」宗。所以「積聚性故」此因，對含有「非積聚他用」這具差別義的「宗支」（謂「眼等必爲（非積聚）他用」宗），是「相違因」；相違在宗後陳「法」的差別義，所以名此因過爲「法差別相違因」⑭。

㈣釋有法自相相違因：這是「相違因」的第三類。前二種「相違因」都是涉及「宗後陳謂語」（法）的；此第三類及下文的第四類（即有法差別相違）卻涉及「宗前陳主語」（有法）的。而且所舉的例子都是勝論學派（Vaisesika）內部傳承教理的問題，對自宗的門徒而建立的。按勝論學派的主張，宇宙萬有的存在要素可分成六個範疇，名爲「六句義」⑮，茲表列如下：

六句義

(1)實句義：包括地、水、火、風、空、時、方、我、意。

這是一切萬有的實體或本質。

(2)德句義：包括色、味、香、觸、數、量、別體、合、離、彼體、此體、覺、樂、苦、欲、瞋、勤勇、重體、液體、潤、行、法、非法、聲。

這是一切萬有實體所涵有的屬性。

(3)業句義：包括取、捨、屈、伸、行。

這是指一切萬有活動作用。

(4)大有（亦名「有性」、「同句」）句義：

這是指能使一切實、德、業三句義所以能存在並爲人所認知的原理，而這原理是離實、德、業之外而獨立存在的。

(5)同異句義：（「同異」亦有譯爲「異句」）這是指一切萬有所以有千差萬別的原理。這原理亦是獨立存在的。[16]

(6)和合句義：這是指能使實、德、業、有大、同異之間不相離而彼此相屬的獨立原理。

（如「地實」之具有色、味、香、觸等德的屬性，要藉賴「和合」的作用然有可能。）

宇宙客觀界是由實句中的地、水、火、風、空、時、方（空間）所構成；而主觀界則由實句中的「我」（靈魂實我）及「意」（了知能力）所構成。九實各有其所具的「德」（屬性），所構成的客觀界及主觀界亦各有其「業」（活動）。而「實」、「德」、「業」的存在則要依賴「大有」的作用；某「實」之具某「德」要依賴「和合」的作用；宇宙客觀事物及主觀的活動及感受有千差萬別的情況出現，要依賴「同異」的作用。這便是「六句義」的梗概。

構成「有法自相相違」的實例，依《大疏》所記是別有一段有關勝論傳法的故事的。據說勝論祖師，名爲鵂鶹（Ulūka），他建立了「六句義」後，自覺非常滿意，想找傳人。幾經艱苦才找着五頂；爲他講說實、德、業三句義時，五頂都接受了。可是講到「大有」（即「有性」）的時候，五頂卻無法接受，因爲他認爲實、德、業本來自體存在就是了，何必另有一獨立存在的「大有」（即「有性」）使它們存在？鵂鶹無可奈何，只好把「大有」（即「有性」）暫時擱置起來，繼續爲他說「同異」及「和合」二句；五頂也都能接受。於是祖師鵂鶹便利用「同異句」作爲「同喻」，分別成立三個論式，以論證「大有」

(即「有性」)離實、德、業三句之外而獨立存在。這樣五頂也終於接受了，於是勝論的「六句義」也賴此而得以傳承下去。茲把鵂鶹的三個論式臚列如下：

㈠宗：有性非實。(「有性」不是「實句」)
因：有一實故⑰。(「有性」能使九種「實」一一得以存在。)
喻：如同異性⑱。

㈡宗：有性非德。
因：有一德故。(「有性」能使二十四種「德」一一得以存在。)
喻：如同異性。

㈢宗：有性非業。
因：有一業故。(「有性」能使五種「業」一一得以存在。)
喻：如同異性。

本論則把上述的三個比量攝爲一量，如說：
宗：有性非實、非德、非業。

因：有一實故，有德、業故。（能使「實」、「德」、「業」一一存在。）

喻：如同異性。

在言陳上，此量以「同異性」爲「同品」，此「同異性」是「非實、非德、非業」（非與實、德、業同體，而獨立存在於實、德、業之外），並具有「有一實故，有德、業故」之「因」。因此便具備了「同品定有」的「因之第二相」。又本量只可以「實」、「德」、「業」爲「異品」。依鵂鶹主張，「實」、「德」、「業」之「體」的存在都不是由其本身所決定的（從理解「同異性」始，五頂也同意了這個觀點，即異品的「實」不會使一一實存在，如是乃至「德」與「業」亦不會使一一德與業存在），如是一切「異品」都不具「有一實故，有德、業故」之因，所以「異品遍無此因」，於是具備了「因之第三相」。同時五頂也同意了「有性有一實，有德、業」，故亦具「遍是宗法性」。如是「有一實故，有德、業故」之「因」，三相具足，對五頂言，得爲決定「正因」，以建立「有性非實、非德、非業」的宗支。若此能成立，則「有性」（即「大有」）便可獨立於「實」、「德」、「業」之外而存在。

不過佛教因明學家陳那論師，洞悉勝論以「（有性）有一實故，有德、業故」之因，目的不在成立「有性非實、非德、非業」，而在於建立「有性」的自體；而且陳那更進而指出此因若能成立「有性非實、非德、非業」，亦能成立「彼執的有性，實非有性」⑲。在原有的「宗支」上，「有性」是前陳主語的「有法」，今反成立與「有性」相違的「非有性」。因此言陳的表面意義上，此因便有「有法自相相違」過。今把成立「有法自相相違」的立量臚列如下：

宗：汝所言「有性」非有性。

因：許有一實故，有德、業故。

喻：（同法喻）若有一實，有德、業者，是非有性，如汝同異性。

（異法喻）從略。

在此相違量中，以「同異性」爲同品，彼許「同異性」能「有一實，有德、業」，所以符合「同品定有」的「因第一相」。又此量是無「異品」的，因爲有資格作「異品」的唯有「有性」，但「有性」是宗的「有法」，在因明的體系中，「有法」正是爭論的對象，既不能共許其爲「同品」，也不能共許其爲

「異品」，此之所謂「剔除有法」。比量之因，既無「異品」，即是符合「異品遍無」的原則，具「因第三相」。「有性有一實，有德、業」是彼原有的主張，自然符合「遍是宗法性」的「因第一相」。於是以原有之因（即許「(有性）有一實故，有德、業故」），可以決定建立一個新的「宗的後陳謂語」，也就是建立一個新的「宗法」，那就是「非有性」。恰巧那個「非有性」正是與原本的「宗前陳主語」（即「宗有法」之「有性」）彼此相違的。如是「有一實故，有德、業故」因，既反成「有法自相相違」的宗，於是不能成爲正因，它所犯的過失名爲「有法自相相違因過」。⑳

㈤釋有法差別相違因：此過是上述「有法自相相違因」過的延續，所舉的事例及因、喻等均同於前量。唯一的分別是前過犯了「宗支有法自相（言陳）相違」，而此過則犯了「宗支有法差別（意許）相違」。因爲「有法」中「有性」一詞，在暗含意義上（即意許上）早有歧義：

「有性」
- 離實、得、業而別有實體的有性（有體有性）
- 離實、得、業別無實體的有性（無體有性）

陳那與商羯羅主在上文中，已指出鵂鶹所出的「因」實犯了「有法自相相違因過」，以其決定足以證成「所成之有性即非有性」，那便間接否定了彼意許的「有體有性」的存在。今進而分辨「有性」的另一種暗含意義：

「有性」
- 有體有性——能爲認知對象的有性（作有緣性之有性）
- 無體有性——不能爲認知對象的有性（作非有緣性之有性）

勝論鵂鶹所意許的「有性」是「作有緣性之有性」（按：「作有緣性」即是「可作爲所緣境」，可作爲認知對象的意思，「性」是境義，對象義），而不是「作非有緣性之有性」（按：「作非有緣性」即是「不可作爲所緣境」，不可作爲認知對象的意思）。從「有法差別（意許）」的角度言，鵂鶹的三支論式應是：

宗：（作有緣性之）有性非實、非德、非業。

因：有一實故，有德、業故。

喻：如同異性。

鵂鶹此量，雖是如上文所論，三支無缺，因三相具足決定，今不再贅；但陳那等佛家的論師，卻指出彼所依之因，亦可決定成立「與宗有法差別（意許）相違」的宗，實犯了「有法差別相違因過」。

茲列其相違量如下：

宗：汝所執之有性，應作非大有有緣性。

（「有性」與「大有」爲同義，用現代語言，此宗可寫成：「汝所執之有性，應非作有緣性之有性。」）

因：有一實故，有德、業故。

喻：如汝同異性。

在上述比量中，「有性，有一實故，德、業故」可無爭議，符合「遍是宗法」的「因第一相」。「同異性」爲「同品」（以「同異性」含有「非大有有緣性」性質故），此「同品」彼許「有一實，有德、業」，符合「同品定有」的「因第二相」。由於「剔除有法」故，此量無有「異品」，故亦符合「異品遍無」的「因第三相」。如是三支俱備，三相具足，得以不改原有的因，亦足以成立與原量「有法差別相違」的宗（按：「作非大有有緣性」意同「非作有緣性之有性」，此跟原有的「宗有法」「作有緣性之有性」是具「有法差別相違」的），所以原量的「因支」便犯了「有法差別相違因過」㉑。

**【註釋】**

①窺基《大疏》釋言：「……不改他因，能令立者宗成相違；與相違法而爲因故，名相違因。因得果名（按：「宗」是「因」的「果」；今「宗」相違，故言「因得果名」），名爲相違。」《大正藏》卷四四、頁一二七至一二八。

②陳那《因明正理門論》說：「於同有及二，在異無是因，翻此名相違，所餘皆不定。」見《大正藏》卷三二、頁七。按：意指「同品有或有非有」而「異品非有」，符合這兩條件的才是「正因」，與此相反的（即「同品非有」而「異品有或有非有」的），便會構成「相違因」，其餘的情況則形成「不定因」。

③若從現代邏輯角度來處理，把一個概念依其內涵（connotation）及外延（denotation）來作分析，來加界定，則只有概念的「自相」（即概念顯明意義的自身），而不必有爭論的「差

別」（「差別」只是這概念的「下位概念」，而不應是爭論的、矯立的暗含意義）。可是因明在當時還沒有發展到這個階段，所以仍把概念分成「自相」及「差別」。故《大疏》云：「言中所陳」前局（「局限自體」的「有法」）及後通（「貫通他上」的「法」），俱名「自性」（即「自相」），故「法」、「有法」皆有自性（即「自相」）；自意所許別義，所可成立，名爲「差別」，故「法」、「有法」皆有「差別」。見《大正藏》卷四四，頁一二八。

④其義採自陳大齊著《因明入正理論悟他門淺釋》，頁一四九至一五〇，台灣中華版。

⑤見《大正藏》卷四四，頁一二九。

⑥此在「九句因」中，屬「同品有．異品非有」的第二句因。「二八是正因」，故知此因符合「因後二相」，有能成宗的力量。

⑦此在「九句因」中，屬「同品有非有．異品非有」的第八句因，「二八是正因」，故知此因符合「因後二相」，有能成宗的力量。

⑧此文已佚，今從日僧鳳潭的《因明入正理論疏敍瑞源記》轉錄而來。見沈劍英的《因明學研究》頁二二〇，中國大百科全書出版社版。

⑨前錄《因明入正理論》釋「法自相相違因」中，結語云：「此因唯於異品中有，是故相違。」意指此因，不符「同品定有・異品遍無」（即所謂「唯於同品有」）此「前後二相」，故成相違。其中意趣，已於釋文中詳爲解說，故今亦不贅。

⑩見陳眞諦所譯的數論要典《金七十論》，今載於《大正藏》卷五四。

⑪數論「二十五諦」的淺易分析，可參考黃懺華著《印度哲學史綱》，頁四六至六一，眞善美版。茲把「二十五諦」表列如下：

- 自性—大—我慢
  - （變異我慢）
    - 五知根（耳、皮、眼、舌、鼻）
    - 五作根（舌、手、足、男女根、大遺根）
    - 心根
  - （太初我慢）—五唯（色、聲、香、味、觸）—五大（地、水、火、風、空）
- 神我

⑫「勝」字是用以防「相符極成宗過」。按《大疏》所載：數論亦許「眼等爲積聚用」，不過較「劣」吧了。爲免犯「相符極成宗過」，故佛弟子立相違量，加上「勝」字以作言簡。

⑬「異法喻體」，本應作「若非積聚他（神我）用，見非積聚性」，但找不到立敵雙方共許

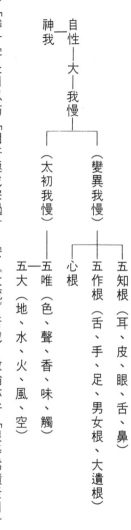

極成的異品作「異法喻依」（在佛家的理論體論中，根本沒有「神我」，故無「異喩」）既無「異品」，則自然符合「異品遍無」這「因第三相」，因此「異法喩」從略，此種情況，在因明體系中是可以的。

⑭若就「眼等必爲他用」的言陳自相義而說，「積聚性故」此因是三相具足的，可成正因；不過宗支則犯「相違決定過」，立敵共許故。

⑮「六句義」見《勝論經》（依黃懺華《印度哲學史綱》推測從公元前二百年開始製作，至公元後五、六百年才整理完成）。其後「六句義」開成「十句義」，見慧月所撰、唐玄奘所譯的《勝宗十句義論》，今收錄在《大正藏》卷五四外敎部中。

⑯呂澂在《因明入正理論講解》中說：「有性」（即「大有」）使人產生「有」的了解；而「同異性」則使人產生「異」的了解。見該書頁四〇。

⑰「有一實故」的「有」字，在古漢語語法中，是「使動用法」，即「有性」（「大有」）能使「實句」中的地、水、火、風、空、時、方、我、意等九種「實體」都一一得以存在（「有」即「能使（某些東西）存在而「不無」之義）。同理，於第二論式的「有一德故」及第三論式的「有一業故」，「有」字的用法也是屬於「使動」方式，亦是「使……存

在」、「使……不無」的意思。

⑱從細致的分別來看，「同異性的有一一實」跟「有性（大有）的有一一實」是不盡同的。「有性（大有）的有一一實」，是指「有性」能使「一一實」的「實體」一一存在而不無；而「同異性的有一一實」，是指「同異性」能使「一一實」間的「千差萬別的特性」存在而非無。但立者卻巧妙地只用一「有」字，在言陳上只顯示「使……存在而不無」，而不涉及所存在的是什麼，故「同異性有一一實」，「有性（亦）有一一實」，因而「同異性」得爲「同品」，同是「非實」而「有一一實」之「因」故。

⑲本論的原文是這樣說的：「此因如能成遮實等（按：「遮」是否定義；「等」是指德和業。意謂此因如能成立「非實、非德、非業」），如是亦能成遮有性（意謂亦能成立「非有性」）。」

⑳有關「有法自相相因」的產生原由，先在窺基《大疏》已有解說，而呂澂於《入論十四因過解》（輯於《內學》第三輯）、沈劍英於所著《因明學研究》（頁二二六至二三〇）及至吾友霍韜晦所著《佛家邏輯研究》等著作中，都有闡釋論述，見解各異，恐繁不贅（有暇當另作專論以與讀者研討）。今爲節省篇幅，直接把作者個人的看法，簡要地交代如下：

作者以爲「有法自相相違因」的產生，是直接淵源於因明系統中的「剔除有法」一義。如《入論》所舉的相違量，其所以能夠證成「有性即非有性」，其根源在「有性」一詞於「剔除有法」的緣故，不能作爲「異品」；在缺「異品」的情況下，「異品遍無」這「因第三相」自然無缺，加上前二相亦相符，便成「因三相決定具足」，得成眞量。其實依《入論》所舉例證的方法來分析三支比量，則任何一個眞能立都可以被打成「有法自相相違」。如佛弟子對聲生論立：

宗：聲是無常，

因：所作性故，

喻：如瓶、盆等。

此量前面已經證實是「眞能立」，但此量也可以依《入論》上述例式，把它打成「有法自相相違」，如立量云：

宗：汝所謂「聲」即是非聲，（佛弟子所指的聲是「無常的聲」與聲生論的主張「常住的聲」有別，故加簡別。）

因：所作性故，

喻：如瓶、盆等。

此量以「瓶、盆等」爲「同品」，「同品」定有「所作性」因，符合「因第二相」。有資格爲「宗異品」的唯有「聲」一詞，但此「聲」正是立敵爭論焦點，不得作爲「同品」，亦不得作爲「異品」；「異品」既無，故符合「因第三相」。「聲是無常」是佛弟子所許，故符合「因第一相」。「因之三相」既已具足，故可決定證成「汝所謂『聲』即是非聲」這個「宗支」；於是「所作性」因也犯「有法自相相違因過」了。

由此可知「有法自相相違因」，由於「剔除有法」之故，其實是本自存在於「先宗後因」的三支因明體系之中。其後到了法稱，主張把「爲他比量」改成「先喻體，後因而略宗」的形式，那末「剔除有法」可不需要，因而「有法自相相違因」自不出現，故在「法稱因明」中，便把它廢除了，如鵂鶹對五頂的立量，可以改成：

喻：若有一實者，有德、業者，則見彼非實、非德、非業，如同異性。（五頂經已認可「同異性」的特性。）

因：今「有性」有一實，有德、業（五頂亦已認可）。

（宗：故「有性」非實、非德、非業）

（若五頂認可上述的喻與因，則亦當自己推得此宗而無所爭議。）

法稱的「先喻、後因」的論式，近於西方傳統邏輯的「三段論式」（syllogism），今圖解如下：

（喻）（因）（宗）

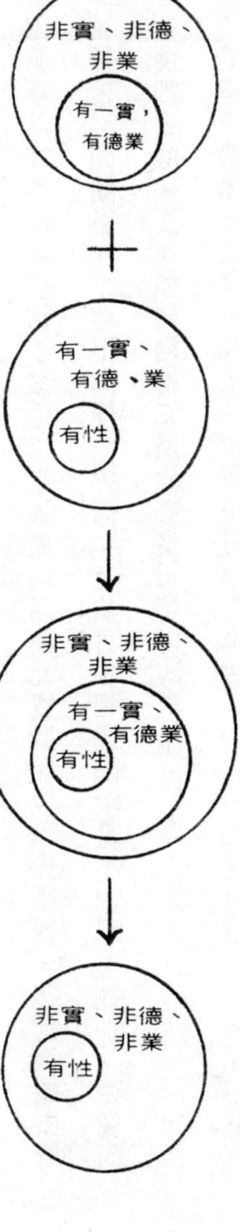


在此論式中，「宗之有法」（即「有性」）已涵蘊在喻體之中，故不必剔除，於是無法以同一的因，建立「與有法自相相違」的宗。如佛弟子立：

喻：若有一實者，有德、業者，則見非「有性」，如同異性。

當出示喻體時，彼勝論即可反駁：「有一實者，有德、業者，除同異性外，亦包括我宗所許的『有性』，如何可說『見非有性』？故汝喻體不能極成。」於是佛弟子便不能論辯下去，因而無法成立「有法自相相違」的宗支，而說彼「因支」有「有法自相相違因」過。

又本論說言：「此因如能遮實等，如是亦能成遮有性，俱決定故。」既言「俱決定」則「有一實故，有德業故」因，即能成「有性非實、非德非業」，亦能成「非有性」，如是「俱決定」，應是「不改因」的「相違決定因」（只是相違在「有法」，不在於「法」），「相違決定因」屬「不定因過」，不屬「相違因過」。此中諸家有不同闡釋，讀者亦可作進一步的研尋討論。

㉑原有的前量，以「有一實、有德、業」爲因，既能遮（否定）實、德、業，（即原宗的「有性非實、非德、非業」），亦能成立「有性非有緣性」（此「非有緣性」，與彼差別意許的「有性是有緣性」是屬「有法相違」的。故《入論》說言：「如即此因，即於前宗有法差別作有緣性，亦能成立與此相違作非有緣性，如遮實等俱決定故。」

又讀者會懷疑：依一般的邏輯體系，兩個命題相違（反對關係，contrary）應指「法的相違」（宗的後陳謂語相違），如：

A命題：凡S是P（如：聲是無常）

B命題：凡S非P（如：聲非無常）

則「A命題」跟「B命題」構成相違關係。但今所舉的「有法自相相違」宗和「有法差別相違」宗，相違的卻指「有法」（宗的前陳主語）間的相違，此與「因後二相」唯建立「因」與「宗法」的不相離關係（即「喩體」）的意義似不相符。爲答此疑，我們要指出「有法相違」其實是建立在「法相違」的基礎之上的。就以前述的「有法自相相違」爲例：

（原量）宗：有性非實等，（凡S非P）

因：有一一實、德、業故，

喩：如同異性。

（相違量）宗：汝「有性」非有性，（汝「S」非S）

因：有一一實、德、業故，

喩：如同異性。

從上述分析，可見「相違量」所推出的「非有性」（非S）在「宗支」上仍處於「法」（宗的後陳謂語）的位置。因爲「有一一實、德、業」因，一方面可以推出「宗法」的「非實等」（「非P」），亦可以推出另一「宗法」「非有性」（「非S」）。「非P」和「非S」都是「宗法」。不過「非S」這個「宗法」恰巧又是與「宗有法」（「S」）相違

（「S」與「非S」，「有性」與「非有性」彼此相違）；因而使原有的立論者犯「自語相違」（自相矛盾）。至於「有法差別相違」的論證亦如是，都是不改原有的「因支」而推出一個新的「宗法」（宗的後陳謂語），而這個「新的宗法」恰恰又與原有的「宗有法」有着相違的關係。故知相違的「有法自相」及相違的「有法差別」都不是直接推演出來的，而是間接推演出來的。因此與一般邏輯的推理沒有太大的差異。

又「有法差別相違因過」的產生緣由及法稱廢「有法差別相違因過」的原因，與上文論述「有法自相相違因過」的道理相同，故今不贅。「有法差別相違因」，究竟處屬「不定因」，抑屬相違因，同樣也有商榷的餘地。

## 3 似喻

### (a) 似同法喻

【正文】已說似因，當說似喻(1)。似同法喻有其五種：一、能立法不成，二、所立法不成，三、俱不成，四、無合，五、倒合。似異法喻亦有五種：一、所立不遣，二、能立不遣，三、俱不遣，四、不離，五、倒離。

「能立法不成」者，如說：「聲常，無質礙故，諸無質礙見彼是常，猶如極微。」然彼極微所成立法「常性」是有，能成立法「無質礙」無，以諸極微質礙性故。

「所立法不成」者：謂說「如覺」。然一切「覺」能成立法「無質礙」有，所成立法「常住性」無，以一切「覺」皆無常故。

「俱不成」者，復有二種：有及非有。若言「如瓶」，「有俱不成」；若說「如空」，對無空論(2)，「無俱不成」。

「無合」者：謂於是處，無有配合，但於「瓶等」雙現「能立」、「所立」二法，如言：「於瓶見所作性及無常性。」

「倒合」者：謂應說言「諸所作者皆是無常」(3)，而倒說言「諸無常者皆是所作」。如是名「似同法喻品」。

【註文】

(1)此二句，依《藏要》校勘，梵、藏本俱無。又此二句，在《藏要》本，歸入釋「有法差別相違因」的段末，今為使文意較為順暢，故移在述「似同法喻」的段首。

(2)依《藏要》本，此句作「對非有論」。

(3)《藏要》校勘梵、藏二本，此句是：「若是所作，見彼無常。」

(一)概述：因明能立，由宗、因、喻三支組成。宗、因、喻三支，皆有眞似（正確與不確的表達方式及內容）。於前文中，已分別解說三支的正確表達方式和內容，亦詳盡地分析了「似宗」及「似因」的構成因由、分類、以及個別例子情況等。此節則承接「似宗」、「似因」，進而介紹「似喻」。

「喻支」有「同喻」及「異喻」，故「似喻」又分兩類：一為「似同法喻」，二為「似異法喻」。如前文所述「喻」由「喻體」和「喻依」構成，因此「似同法喻」及「似異法喻」，依其「喻依」各有三種過失，依其「喻體」則各有兩種過失。今表列如下：

- 似喻
  - 似同法喻
    - 似喻依
      - 能立法不成
      - 所立法不成
      - 俱不成
    - 似喻體
      - 無合
      - 倒合
  - 似異法喻
    - 似喻依
      - 所立法不遣
      - 能立法不遣
      - 俱不遣
    - 似喻體
      - 不離
      - 倒離

本節雖以論述「同法喻」爲內容，但在解析「似同法喻」中的一項目之先，不妨把一切「似喻」合共十種，表列如上。

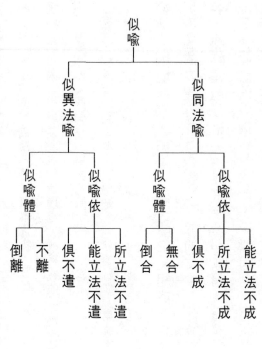

㈡釋能立法不成：依上章「能立」中「引喻」一節所述，「喻」的作用在「以顯了分，顯未了分」。如我們在上文常舉佛弟子對聲生論師所立：

宗：聲是無常。

因：所作性故。

喻：（同喻依）如瓶、盆等。

「所作性」因，名爲能立；「無常」那個「宗法」（即宗的後陳謂語），名爲「所立」。「同喻」的「喻依」（即「瓶」、「盆」等），必須是顯了的正面例子，立敵雙方既共許它們具「能立」因的性質（如論式中的「所作」性質），亦需共許它們具備「所立」宗後陳的性質（如論式中的「無常」性質），才能顯示未了的「宗之有法」（如論式中的「聲」）亦具「無常」的性質。就是說：如「瓶」、「盆」等同喻，是所作性，故彼無常；今「聲」亦是「所作性」，當亦無常。因此之故，作爲「顯了分」的「同喻依」必須共許極成其兼具「能立」與「所立」的性質，才能「顯未了分」。若「同喻依」不共許極成其具「能立」性質，或不具「所立」性質，或「能立」與「所立」性質俱不共許極成，都是「似同喻依」，「似喻」所攝①。

《入論》所謂「能立法不成」者：就是彼「同喻依」，不能共許極成其具備「能立」因的性質。如聲論師對勝論師立比量言：

宗：聲常。

因：無質礙故。

喻：若無質礙，見彼是常，猶如極微。

聲論師以「極微」爲「同喻依」②。此「極微」作「同喻依」，於「所立宗法」，雖是立敵共許具「常」的性質，但於「能立因法」，則立敵雙方，俱不許其具有「無質礙」的性質。這樣聲論師在比量中，以「極微」爲「同品」，便犯了「能立法不成」的喻過③。

依窺基《大疏》，此「能立不成似喻」可分成四種，即：「能立兩俱不成」、「能立隨一不成」、「能立猶豫不成」及「能立所依不成」。今舉例如下：

一、能立兩俱不成（如上所舉《入論》例子）。

二、能立隨一不成（如聲論師對佛弟子立）：

宗：聲常。

因：無質礙故。

喻：如業。

（聲論隨一許業無質礙；於佛弟子，則不許身業無質礙。）

三、能立猶豫不成（如有立言）：

宗：彼處有火。

因：似有煙故（尚未決定是霧是煙）。

喻：如廚舍等處。

（因是「猶豫不成」，喻亦未能決定是否具能立的性質。）

四、能立所依不成（如數論師對佛弟子立）：

宗：思受用諸法。

因：以是神我故。

喻：如眼等根。

（佛弟子不許有「神我」存在，故「眼等根」喻，便失其所依。）

㈢釋所立法不成：「同喻依」缺少了「所立宗法」性質的，名爲「所立法不成」。如沿用前面的聲論師對勝論師所立量而改換其同喻：

宗：聲常。

因：無質礙故。

喻：若無質礙，見彼是常，猶如「覺」。

「同喻」之中，以「覺」爲「喻依」；「覺」依《大疏》是指「心王和心所」④。此「同喻依」，是無質礙，立敵共許於「因法能立」是有，但於「宗法所立」則無，立敵俱不許有「常住」的性質故。所以「覺」這「同喻依」，共許它是無常，於是便犯了「所立法不成」⑤的過失。

又《大疏》把《所立法不成》分爲四種，即：「所立兩俱不成」、「所立隨一不成」、「所立猶豫不成」和「所立所依不成」。「所立兩俱不成」如論中所說：「所立猶豫不成」及「所立所依不成」，喻過從因過而起，均可從略。唯「所立隨一不成」，今舉聲論師對佛弟子所立例如下：

宗：聲常。

因：無質礙故。

喻：譬如極微。

此量以「極微」爲「同喻依」。「極微」對聲論來說，其體是常，故於「所立宗法」是有；對佛家來說，則「極微」體非常住，於「所立宗法」非有。所以此量以「極微」爲「同喻依」則犯「所立隨一不成」的喻過。

又「同喻體」是「先因後宗」（如「聲常」宗，「無質礙」因，以「若無質礙，見彼是常」爲「同喻體」；於此「同喻體」中，先言「無質礙」這「能立因法」，後言「見彼是常」那「所立宗法」），所以在舉「似同喻依」時，先舉「能立法不成」，後舉「所立法不成」。

㈣釋俱不成：若「同喻依」，既犯了「能立法不成」，也犯了「所立法不成」

的綜合二過言之，名爲「俱不成」。再依「同喻依」的「有體」及「無體」來分（按：立敵雙方共許該事物的存在，名爲「有體法」，反之名爲「無體法」），復有兩種：一者是「有體俱不成」，二者是「無體俱不成」⑥。關於「有體俱不成」的例子，如沿用上述聲論師對勝論師所立宗、因二支而更易其同喻，可見如下：

宗：聲常。

因：無質礙故。

喻：（同法喻）若無質礙，見彼常住，如瓶。

於此論式，以「瓶」爲「同喻依」，立敵雙方共許其存在，是有體法。但雙方既不共許「瓶」是「無質礙」，亦不共許「瓶」是「常住」，於是「瓶」作「同喻依」，既犯「能立不成」，亦犯「所立不成」，所以是「有體俱不成」的「似喻」。至於「無體俱不成」者，如聲論師對無空論者⑦立：

宗：聲常。

因：無質礙故。

喻：（同法喻）若無質礙，見彼常住，如空。

對無空論者來說，實有的「空」是不存在的，是「無體法」；「同喻依」的體既無（敵論者不承認有「空」的存在），自然談不上「空」是否有質礙，是否常住。所以「能立法（無質礙）」與「所立法（常）」兩雙俱缺，名爲「無體俱不成」的「似喻」。

又依《大疏》所載：「有體俱不成」可以再分爲四種，四種之中，「隨一俱不成」又再開而爲二。茲表列如下：

有體俱不成
- 兩俱不成
- 隨一不成
  - 自隨一不成
  - 他隨一不成
- 猶豫不成
- 所依不成

有關「無體俱不成」，依《大疏》所載，亦理應如「有體俱不成」一般，可細分成四種；但「猶豫不成」所依中的「能立」因既是猶豫不定，能依的「同喻依」亦是無體，兩不相依⑧，故在實際劃分中可以刪去。茲表列「無體俱不成」的分類如下：

- 無體俱不成
  - 兩俱不成
  - 隨一不成
    - 自隨一不成
    - 他隨一不成
  - 所依不成

上述「俱不成」細分合共九種，其中舉例，恐繁不贅，有志者翻檢《大疏》當可明了⑨。

㈤釋無合：「同喻體」的失誤有「無合」和「倒合」兩類。今先明「無合」。新因明建立「同喻體」，其目的是從正面顯示「因法」與「宗法」的「不相離性」，即「因法」與「宗法」彼此連結，構成一個肯定的判斷，依此喻體與因，使敵者、證者產生智慧，了解所要成的「宗義」。《大疏》所謂「喻以顯宗，令（宗）義見其邊極」，即是此意。如佛弟子對聲生論者立：

宗：聲是無常。

因：所作性故。

台北郵政第26～341號信箱

全佛文化事業有限公司

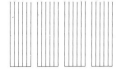

廣告回信
台灣北區郵政管理局登記證
北台字第8490號

地址：　市　縣　鄉鎮　市區　請寫郵遞區號……

路（街）　段　巷　弄　號　樓

姓名：

# 全佛文化事業有限公司
# 讀者回函卡

青將此回函卡寄回，我們將不定期地寄給您最新的出版資訊與活動。

購買書名：______________________

購買書店：______________________

名：______________ 性　別：□男　□女

址：______________________

絡電話：(O)____________ (H)____________

生年月日：________年________月________日

歷：1.□高中及高中以下　2.□專科　3.□大學　4.□研究所及以上

業：1.□高中生　2.□大學生　3.□資訊業　4.□工　5.□商
6.□服務業　7.□軍警公教　8.□自由業及專業　9.□其他____
職務：________ 修持法門：________ 依止道場：________

書吸引您主要的原因：
1.□題材　2.□封面設計　3.□書名　4.□文字內容　5.□圖表
6.□作者　7.□出版社　8.□其他______________

書的內容或設計您最滿意的是：

______________________

我們的建議：

______________________

喻：（同喻體）若是所作，見彼無常，

（同喻依）如瓶、盆等。

「若是所作，見彼無常」便是「同喻體」，概括地結合了「因法」（所作性）與「宗法」（無常），而正面構成一個肯定的判斷；今敵者既同意「聲是所作」，亦當推證得出「聲是無常」的「宗義」來。陳那修訂古因明而創新因明，改五支爲宗、因、喻三支，此中「喻支」又別立「同喻體」及「異喻體」，把「因法」及「宗法」的關係，透過正反兩面的判斷而明確顯示出來，這是一個極大的貢獻。

若依古因明，雖有喻、合、結，但並未有把「因法」與「宗法」的關係概括地結合而成判斷，則因與宗的關係未能構成一個原則性的命題，便無從依此以推證出「宗義」，造成過失，如五支所立：

宗：聲是無常。

因：所作性故。

喻：猶如瓶等，「於瓶見所作及無常」；

合：聲亦如是，是所作性，

結：故聲無常。

此「喻支」中，「於瓶見所作及無常」便是「無合」的典型例子，陳那與商羯羅主俱把它列爲「無合」這「似同法喻過」。因爲「因法」與「宗法」不相連合，如《大疏》所說：「喻以顯宗，令義見其邊極。（若）不相連合，（則）所立宗義不明，（使敵者、證者的）照智不生，故有第四（『無合』的『同喻因過』）。」⑩若是「無合」，即無「同喻體」，唯以「瓶等」那「喻依」作類比推理（analogy）；類比推理，固然沒有邏輯的必然性，即其可信度，也大打折扣。今因明所不取，歸入「無合」喻過，是因明學的一個大進步。

㈥釋倒合：「倒合」就是在構成「同喻體」時，把「因法」與「宗法」顚倒地結合。如「入論」所舉例子，「同喻體」應當說成「諸所作者，皆是無常」，而顚倒說成「諸無常者，皆是所作」。此例若依《藏要》校勘梵、藏二本，應是「若是所作，見彼無常」，而倒合則成「若是無常，見彼所作」。按上章釋

「喻支」一節，亦是採取假言判斷（hypothetical judgement）而非定言判斷（categorical judgement）。依呂澂推測，可能玄奘未有分別清楚兩種判斷的差異，而隨意把它改動了⑪。若依《藏要》所校，佛弟子對聲生論師立量言：

宗：聲是無常。

因：所作性故。

喻：（正確的說法）若是所作，見彼無常，如瓶。

（錯誤的說法）若是無常，見是所作，如瓶。

「眞同喻體」本應是「若是所作，見彼無常」（即「若M則P」），依假言推理，肯定前項（M）則肯定後項（P）。今「因支」（S爲M）便是肯定前項（M），則應肯定後項（P），也即是「宗支」（S爲P）得以推斷出來）。所以「眞同喻體」的結構是先因後宗的，與陳那《正理門論》所訂下的原則「說因宗所隨」是相應的。今「倒合」卻把它顚倒過來，說成「若是無常，見非所作」，便鑄成大錯。何則？此假言命題可圖解成：

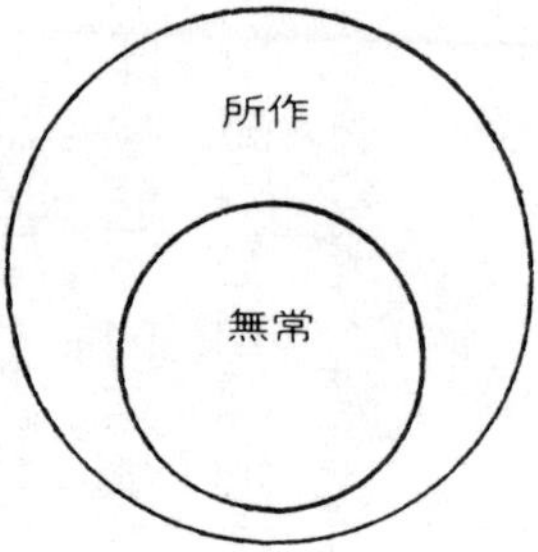


今「因支」是「（聲）是所作」，從而希望夠證成「宗支」「聲是無常」。若依「倒合」的「喻體」作原則命題，則「聲是無常」宗，便成不定，如下圖解：

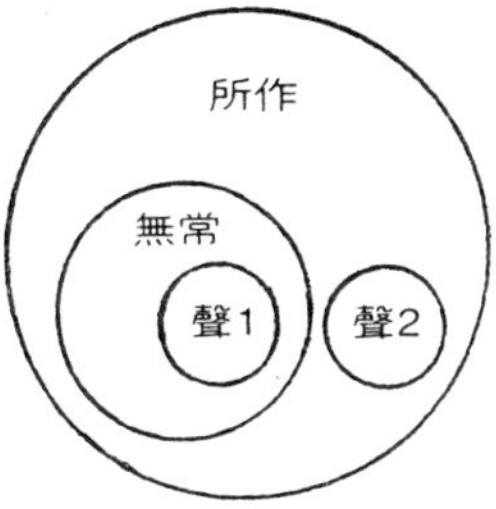


（似同喩體十因）

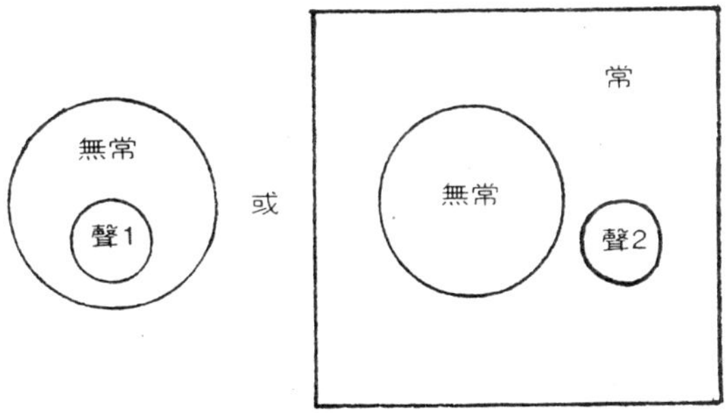


（宗）

如是所證成的「宗支」有二：一者「聲1是無常」，二者「聲2是常」。「宗支」不定，如何得成能立，以啓迪敵者與證者的智慧？故《大疏》解說：「（同喩體）初標（示）能（立）以（使）所（立得以隨）逐。（先）有因（法），宗（法）必定隨逐。（今「倒合」）初（置）宗（法），以後（才置）

因（法），乃（先）有宗（法），以後（才隨）逐（標出）其因（法）。反覆能（立）、所（立），令（敵、證者）心（智）顛倒，共許不成，他智翻生，故有第五（種似喻——倒合）。」⑫

**【註釋】**

①《大疏》說言：「因（法）名能立，宗法名所立。同喻之法，必具此二。因貫宗喻，喻必須有能立，令宗義方成；喻必有所立，令因義方顯。今偏（按：即「能立不成」或「所立不成」）或雙（按：即「能立不成」兼「所立不成」），於喻非有，故有初三（種的「似同法喻過」）。」就是此意。見《大正藏》卷四四、頁一三三。

②「極微」是古印度人所認爲物質存在的最小單位，近似今日我們所說的原子（atoms），因此聲論與勝論雙方俱共許極成其爲常住永恆的。

③《入論》所謂「彼極微所成立法『常性』是有；能成立法『無質礙』無，以諸極微（立敵共許其）質礙性故。」即是此意。

④「心王」是指眼等諸識；「心所」是指觸、作意、受、想等與諸識相應而起的心理活動。

⑤「不成」便是不共許極成的意思。

⑥《入論》說言：「俱不成者，復有二種，有（體）及非有（體）。」即是此意。

⑦「無空論」是不承認實有虛空存在的一種學派。

⑧《大疏》說：「猶豫無（體）俱不成者，既無喻依（無體故），決無二立，疑決既不異分，故缺此句。」《大正藏》卷四四、頁一三五。

⑨有關《大疏》資料，見同註⑧。又沈劍英著《因明學研究》頁二四〇至二四二，亦有整理與說明。

⑩見《大正藏》卷四四、頁一三三。

亦正如《入論》所謂：「無合者，謂於是處（喻支之處，因法與宗法）無有配合，但言於瓶雙見能立（因法）、所立（宗法）（此）二法。如言於瓶，見所作性及無常性。」

⑪見呂澂《因明入正理論講解》，頁四七。

⑫見《大正藏》卷四四、頁一三三。

(b)似異法喻

【正文】似異法中，「所立不遣」者，且如有言：「諸無常者，見彼質礙，譬如極微。」由於「極微」，所成立法「常性」不遣，彼立「極微」是常性故，能成立法「無質礙」無。

「能立不遣」者，謂說「如業」，但遣所立，不遣能立；彼說「諸業」，無質礙故。

「俱不遣」者，對彼有論，說「如虛空」，由彼「虛空」不遣常性、無質礙性；以說「虛空」是常性故、無質礙故。

「不離者」者，謂說：「如瓶，見無常性，有質礙性。」(1)

「倒離者」，謂如說言：「諸質礙者，皆是無常。」(2)

如是等似宗、因、喻言(3)，非正能立(4)。

【註文】

(1)依《藏要》校勘藏本，此舉例云：「如空見常及所作。」與漢譯有異。

(2)依《藏要》校勘藏本，應說：「若是其常，見非所作。」

(3)依玄奘譯本，此句作「如是等似因喻」，今依《藏要》本加「似宗」，本章釋「似能立」包括「似宗」故。

(4)依《藏要》校梵、藏二本，此句爲「似能立」。

㈠釋所立不遣：如前所述，「似異法喻」共有五種，「似異法喻依」有三，「似異法喻體」有二。今釋「所立不遣」是其第一種。「異喻」的作用，在顯示「異品遍無」此「因第三相」。所以「異品」既須遣離「所立宗法」，亦當「遍無此因」，亦即遣離「能立因法」。因此正確的「異喻依」應俱遣「所立」與「能立」；今「所立不遣」，便成「似喻」①，如有聲論師對勝論師立量云：

宗：聲常。

因：無質礙故。

喻：（異法喻）若是無常，見彼質礙②，譬如極微。

「極微」是「異喻依」，理應立敵共許其不具「所立宗法」（常）的性質，亦不具「能立因法」（無質礙）的性質。今聲論以「極微」爲「異喻依」，雖然共許極成「極微」不具「能立因法」的「無質礙」特性（即《入論》所謂「（彼於）能立（因）法「無質礙」無），但立敵雙方卻共許「極微是常性」，所以於「所立宗法」（常），不能遣離，不能符合「異喻依」雙遣「所立宗法」及「能立因法」的條件。因此，在上述的立量中，以「極微」為「異喻依」，便犯「所立不遣」的過失。

又依《大疏》劃分，「所立不遣」也可細分為「兩俱不遣」、「隨一不遣」及「猶豫不遣」等三種，但無「所依不遣」，今恐繁不贅。

㈡釋能立不遣：「異喻依」除了遣離「所立宗法」外，還得遣離「能立因法」。今依上述宗、因，改其「異喻依」，而立量云：

宗：聲常。

因：無質礙故。

喻：（異法喻）若是非常，見彼質礙，如業。

於此量中：「業」為「異喻依」。於「所立宗法」（常），「業」能遣離，

「諸業」立敵雙方共許非常故；但於「能立因法」（無質礙），「業」為「異喻依」，卻不能遣離，以「彼說諸業，無質礙故」，因此便犯了「能立不遣」的過失。

又依窺基《大疏》，「能立不遣」，若細分之，又有「兩俱」、「隨一」、「猶豫」三種，都屬「似喻」，今從簡不贅。

㈢釋俱不遣：若「異喻依」兼犯「所立不遣」及「能立不遣」二過，可合稱為「俱不遣」的「似喻」。如聲論師對薩婆多部（即佛教小乘的「說一切有部」），主張空是實有，故《入論》稱之為「有論」，即「有空論者」）而立量云：

宗：聲常。

因：無質礙故。

喻：（異法喻）若是非常，見彼質礙，猶如虛空。

量中以「虛空」為「異喻依」。聲論與薩婆多部，彼此都是「有空論者」，共許「虛空」是實有，是常住法，故於「所立宗法」（常）不能遣離，犯「所立不遣」過；又許「虛空」是無質礙，則於「能立因法」（無質礙），不能遣離，犯「能立不遣」過。今合此二過，名爲「俱不遣」的「似喻」。

又依窺基《大疏》，此「俱不遣」，細分亦有「兩俱」、「隨一」、「猶豫」三種過失，今亦從略不贅。

㈣釋不離：「不離」與「倒離」都屬「異喻體」的過失。前說「同喻體」，從正面顯示「能立因法」（M）與「所立宗法」（P）有不相離性，即構成判斷「如M則P」，以概括「因法」與「宗法」成爲一原則性的命題，以便結合「因支」（凡S是M），以推證「宗支」（凡S是P）。至於今所言的「異喻體」也具同樣的概括作用，不過，卻從反面顯示「所立宗法」（P）與「能立因法」（M）亦具有不相離性，即構成「如非P則非M」（亦可言：「凡～P為～M」）這個反面的判斷，以概括「宗法」與「因法」成爲另一原則性命題，圖解如下：

若再配合「因支」（凡S是M），則可推證出「宗支」（凡S為P）的結論，如圖解顯示如下：

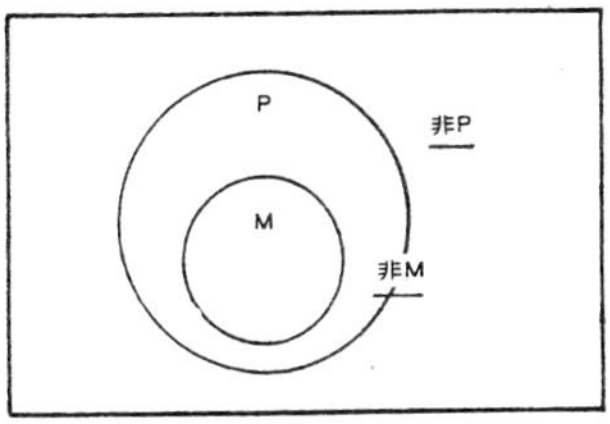


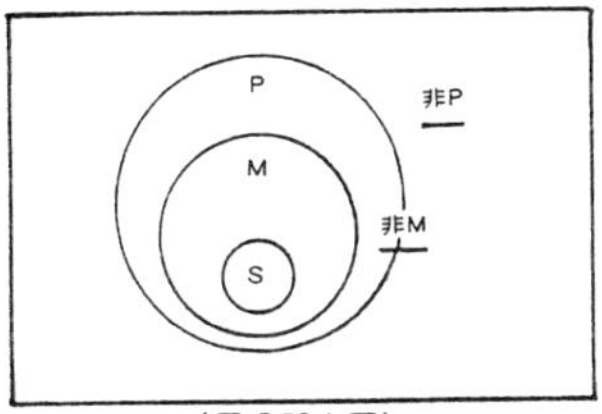


（異喻體＋因）

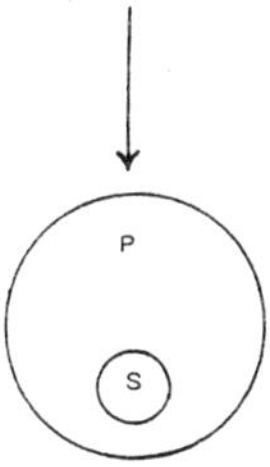


（宗）

可見「異喻體」的建立，一如陳那在新因明中建立「同喻體」，有着同樣的貢獻。

假若仍依舊因明的五支形式，不立「異喻體」，便成「不離」的「似喻」了。如依前例聲論師對勝論師立量云：

宗：聲常。

因：無質礙故。

喻：（異法喻）如瓶，見無常性及有質礙故。

合：聲不如是，是無質礙。

結：故聲是常。

此「異法喻」中，只說「如瓶，見無常性及有質礙性」，但彼所說，卻不能構成有概括性的原則命題，以顯示「無所立處，必無能立」的「不相離關係」，故在新因明中，名之爲「不離」的「似異喻」過。

㈤釋倒離：「異喻體」的表達，是先遣離「所立宗法」（P），後遣離「能立因法」（M）的，如是從反面構成「所立」與「能立」的不相離性，作爲推證「宗義」的原則命題。「異喻體」以符號來表達，可寫成：「如非P則非M」（亦可說：「凡～P爲～M」）。如果把「非P」與「非M」的位置顚倒，說爲「如非M則非P」，變成了先遣「能立因法」，後遣「所立宗法」，便犯了「倒離」的過失。如依上述的立量：

宗：聲常。

因：無質礙故。

喻：（異法喻）若是質礙，見彼無常③，如瓶。

正確的表達方式是先遣「所立」，後遣「能立」，即是「若是無常，見彼質礙」（如非P則非M）；今「異喻體」卻把它顚倒過來，說成「若是質礙，見彼無常」（如非M則非P），變成了先遣「能立」，後遣「所立」，便成「倒離」過失。或有問者，如是「倒離」，過在何處？今試把「倒離」圖解如下：

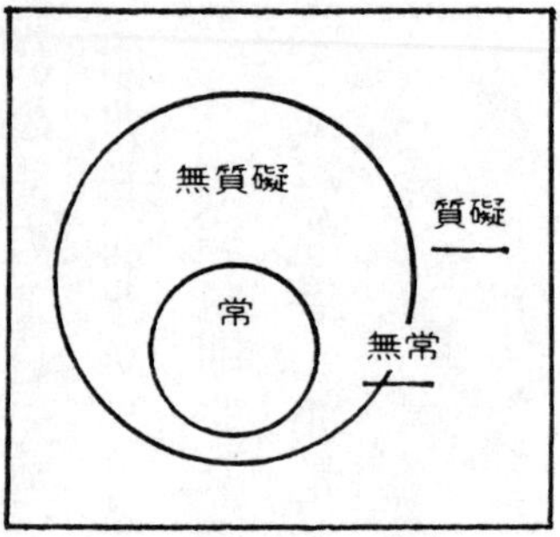


（若是質礙，見彼無常）

再結合「（聲）無質礙」因，看看能否決定推證得「聲常」這個「宗義」來？圖解如下：

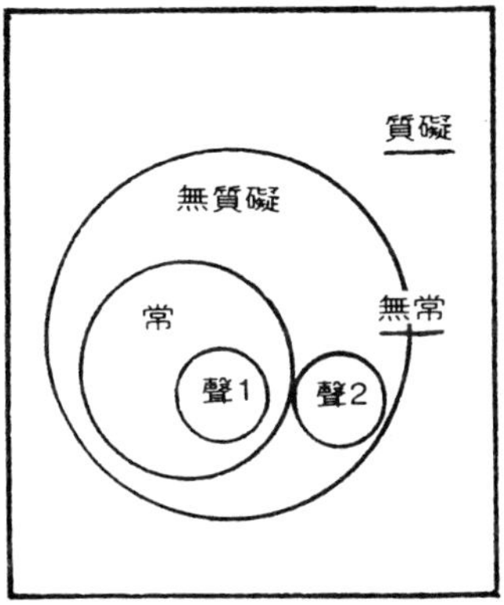


（似異喩體十因）

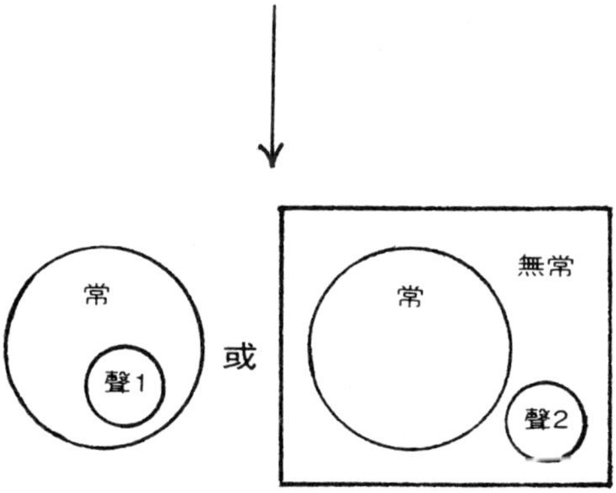


（宗）

於是推證所得的「宗支」有二：一者是「聲1是常」，二者是「聲2是無常」。如是「聲」是「無常」或是「常」，都得不到決定。「倒離」喻體的過失，由此可見。

又「同喻體」與「異喻體」，只不過是命題的正反兩面表達方式：「同喻體」從正面表達「能立因法」與「所立宗法」的關係，故「先因、後宗」，亦即陳那所謂「說因宗所隨」；「異喻體」則從反面表達「所立宗法」與「能立因法」的關係，故「先宗、後因」，亦即陳那在《正理門論》中所說「宗無因不有」的道理。即使在現代的「涵蘊邏輯」(Implicative Logic)來看，「同喻體」的「如M則P」跟「異喻體」的「如非P則非M」是互相涵攝的，從圖解可見：

(如M則P) ⟶ (如非P則非M)

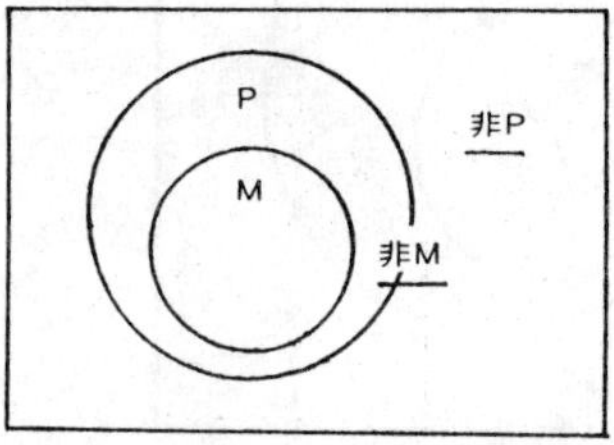


(如非P則非M) ⟶ (如M則P)

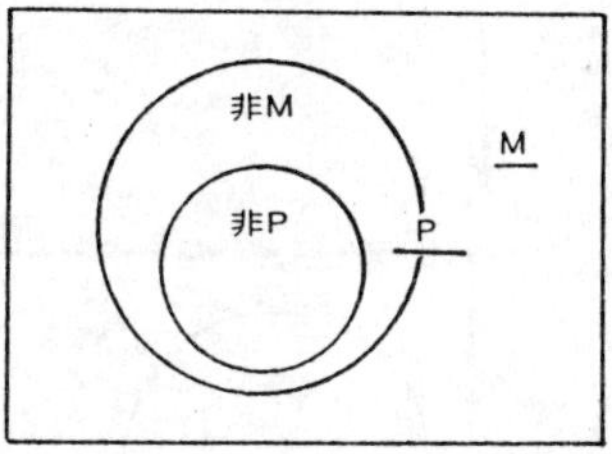


∴(如M則P) ≡ (如非P則非M)

從上述的圖解與推論，可見〔(如M則P)≡(如非P則非M)〕根本就是一個「恆眞式」（Tautology），彼此互相涵攝。如「同喻體」是「先因、後宗」，「異喻體」必須是「先宗、後因」；顛倒了，因明說是「似喻」，這是與現代邏輯非常相應而契合的④。

如是本章，在「似宗」一節，分析了九種宗過；在「似因」一節，分析了十四種因過；至於本節則前後分析了十種喻過。如是一共三十三過，便統攝了「似能立」的主要內容，故《入論》說言：「如是等似宗、因、喻言，非正能立。」

**【註釋】**

①「異喻體」是先宗後因，所以「似喻」出過，亦先出「所立不遣」，後出「能立不遣」，與「似同喻」的先出「能立不成」，後出「所立不成」，恰恰相反；因「同喻體」是先因後宗故。

②依《入論》原文，應是「諸無常者，見彼質礙」，今爲求前後舉例的形式一致故，改用「假言命題」的形式來表達，文意不改。

③此間改成假言命題，理同註②。

④「同喻體」（若M則P或（M→P））與「異喻體」（若非P則非M或（~P→~M））是互相涵攝的，構成一「恆眞式」（（M→P）↔（~P→~M）），可用「眞值表」（Truth Value Table）加以證明，有志者當可嘗試，知其不謬。

# 四、現量與比量

【正文】復次，為自開悟，當知唯有現、比二量。此中「現量」，謂無分別：⑴若有正智⑵，於色等義，離名、種等所有分別，現現別轉⑶，故名現量。

言「比量」者，謂藉衆相而觀於義⑷，相有三種⑸，如前已說：由彼為因，於所比義，有正智生，了知有火，或無常等⑹，是名比量。於二量中，即智名果，是證相故⑺，如有作用而顯現故，亦名為量⑻。

【註文】

⑴依《藏要》校勘梵、藏二本，此句作「離分別」。

⑵依《藏要》本校，梵、藏文無「正」字。下釋「比量」中亦然。

⑶依《藏要》本校，於梵、藏二本，此句作「於一一根各別而轉」。

⑷依《藏要》本校，梵、藏二本，無「衆」字，而「相」字作爲「標相」（Linga）。

⑸依《藏要》本校，梵、藏二本，此「相」字作「相狀」（Rūpa）義。

(6)依《藏要》本校，梵、藏二本，作「此處有火」及「聲無常」。

(7)依《藏要》本校，梵本此二句云：「彼智即是果，以證量爲相狀故。」藏本第二句意譯爲：「以是色等分別性故。」

(8)依《藏要》本校，梵本此句云：「似有作用而了知故爲量。」藏本意譯云：「彼智亦即是量，是能作境之正知故。」

㈠概述：商羯羅主的《因明入正理論》，總其綱要，分二悟八義。於前第二、三章中，我們已經分析闡述悟他的「能立」義和「似能立」義；本章則繼而介紹自悟的「現量」義和「比量」義。因爲「現量」與「比量」的作用，在於自悟，故《入論》說言：「爲自開悟，當知唯有現、比二量。」不過依實際的情況而言，「現量」和「比量」除了具自悟的功效之外，亦兼具悟他的作用，因爲「悟他」的「能立」也必須依現、比量爲基礎。所以陳那的《理門論》云：「如是應知：悟他比量（按：具「能立」義），亦不離此（現、比二量）得成能立。」①。而窺基《大疏》也作按語說：「明比（現、比）二量，親疏合說

（按：親能自悟，疏及悟他），通自、他悟，及以能立。」②

本章結構，共分四分：初明立意，次辨現量，三辨比量，四明量果。本節二量的立意已明，下節當補述「唯立二量之由」。

㈡釋唯立二量之由：心識對所知境（所知對象）的了知，正確的說名爲量（Pramāna）。「量」有量度義：推而廣之，也把認知的方法稱之爲「量」，如透過感官知覺的認知方法名爲「現量」，透過比度推理的認知方法名爲「比量」。陳那以後，直接把知識（了知的結果）名之爲「量」。

在印度，不同的哲學派別，對「量」各有不同的分類：除陳那與商羯羅主分成「現量」與「比量」外，其餘還有聖教量、譬喻量、假設量、無體量、世傳量、姿態量、外除量、內包量、義準量等等。即古因明，亦立多量，如熊十力《因明大疏刪注》的注文所述：「古師說量，略有六種，現及比外，復有第三，曰『聖教量』，或名『聲量』，觀可信聲（按即經教）而比義故。復有第四，曰『譬喻量』，如不識野牛，言似家牛，（比）方以喻顯故。又有第五，曰『義準量』，謂若法無我，準知必無常，無常之法必無我故。又有第六，曰『無體量』，入此室中，見主（人）不在，知所往處，如入鹿母堂，不見苾蒭，知所往處。陳那廢後四種。」③

爲什麼陳那要把六種量刪成「現量」和「比量」？窺基《大疏》引《正理門論》答言：「由此（現、比二量）能了（知）自（相）、共相故。非離此（自相、共相）二，別有所量……故依（自、共）二相，唯立（現、比）二量。」④由此可見「現量」、「比量」唯依所知境（所知對象）立，而所知境唯有「自相」（Particulars）和「共相」（Universals）⑤，更無其餘；而了知「自相」境的便成「現量」（純感官之知），了知「共相」境的便成「比量」（推理之知）。故陳那的《集量論釋》說云：「現及比爲量，二相所量故，當知以自相境爲現（量），以共相境爲比（量）。」⑥解說便很明白，境唯有二，量爲對境的了知，故量亦唯有二，更無其餘；而古因明的其餘四種，即聖教量、譬喻量、義準量、無體量，都可以歸攝到「比量」去，因爲這四種量，都以「共相」爲境故。

㈢釋現量：「現量」的基本特色是「離分別」，即「現量」的了知活動產生時，是遠離一切「名言分別」（如長、短、方、圓等等概念上的思維活動）、「種類分別」（如勝論的立大有、同異等範疇的思維活動）、「無異分別」（如立「顏色」一法，貫通於一切青、黃、赤、白之上的思維活動）及「諸門分別」（如色與聲等種類的其他思維活動）。所以《入論》強調「現量」必須是遠離一切「名（言）種（類）等所有分別」的，這是「現量」與「非現量」的主要界限。

「現量」的能緣智是「正智」。所謂「正智」是簡彼「邪智」而言。邪智如視覺能知上出了毛病，於空中看見「毛輪」或重疊的「第二月」，都是邪智的明顯特徵；所以「現量」的「正智」必須是正常的視覺、聽覺、嗅覺、味覺、觸覺等能力。

「現量」的所知境，只限於「色等義（境）」，即色、聲、香、味、觸等剎那變化的「自相境」（按：前言「義」字，即認知對象的「境」的意思）。

「現量」的活動，是五識根等能緣「正智」，於絕對隔離一切名言、種類各種思維分別的條件下，一一根各別而轉起，認知各別的所緣「自相境」，如眼根唯能認知特殊的青、黃、赤、白等色境，其他根不能參與，耳根唯能認知特殊的聲境，鼻根唯能認知特殊的香境，舌根唯能認知特殊的味境，身根唯能認知特殊的觸境，而其他知根都不能參與其事，這叫做「現現別轉」⑦。所以陳那的《正理門論》有頌文說：「有法非一相，根非一切行，唯內證離言，是色根境界」⑧。

「現量」的認知活動共有四種：一者是「五識身現量」，二者是「五俱意識現量」，三者是「自證分現量」，四者是「定中意識現量」。

「五識身現量」：即前述眼等五識根認知色、聲等自相境的認知活動。

「五俱意識現量」：眼等五識生時必有五俱意識與彼同時生起，由意識引前五識以趣境故，此五俱意識亦是離言冥證色等自相境的，故亦是現量所攝。

「自證分現量」：陳那主張心識生時，心識內部有「見分」、「相分」和

「自證分」。「見分」了知「相分」的同時，「自證分」亦了知「見分」，此亦離言冥證，故「現量」攝。

「定中意識現量」：修定者在正定中的認知境界，離名言分別，亦是內證離言，故「現量」攝。

由此可見陳那所界定的「現量」，是絕對的純粹的感官知覺活動，絲毫沒有半點的語言、概念思維活動滲雜在裡面。

㈣釋比量：「比量」是透過比度推理而進行的認知活動。能緣的是「有分別智」；所緣的是「共相境」。「比量」的認知條件是依藉「衆相」之因（按：因是能立，是證知「所比義——定法」的充足條件；因的標相不一，故言「衆相」）。能成爲充足條件的因，必須符合三個原則，那就第二章中所說的「因三相」了（按：此「相」是「相狀」義，有別於「衆相」的「標相」義）。前既已說，此中不贅。「由彼（三相具足）爲因，於所比義（即「宗法」）有正智生，了知有火，或無常等。」此中舉出「比量」的兩個例子，其一是依「現量」記憶爲因而獲致的，另一則是純粹的比量推理。今分別列出論式如下：

其一：宗：彼山有火。

因：以有煙故。（藉現量記憶爲因）

喻：（同喻依）如灶。

其二：宗：聲是無常。

因：所作性故。（依比量爲因）

喻：（同喻依）如瓶。

由於所藉的因有別，故別立二量，如《大疏》所述：「以其因有現（如「以有煙故」）、比（如「所作性故」）不同，果亦兩種：（彼山有）火、（聲是）無常（有）別。了「火」從「煙」，現量因起；了「無常」等從「所作」等，比量因生。」⑨所以「彼山有火」這種知識，是透過「彼山有煙」的現量爲因推證出來；「聲是無常」這種知識，則藉賴「聲是所作」的比量爲因推證出來；但二者都是「比量」所攝。

㈤釋量果：有關「量果」問題，印度諸派所說不同。如薩婆多部以根為能量，境為所量，依根而起的心及心所為量果；數論派則以諸識為能量，境為所量，神我為量果。今陳那與商羯羅主，於「現量」的認知活動中，以現量無分別智為能量，色等「自相境」為所量；於「比量」的認知活動中，以比量有分別智為能量，名言概念等「共相境」為所量。於此二量中，究竟什麼是「量果」呢？為答此疑問，故《入論》云：「於（現、比）二量中，即智名果，是證相故。」那就是說：「量果」就是包括在「能量智」中，離「能量智」別無「量果」。如《大疏》便有很清楚的說明：「於此（現、比）二量，即智名果。即者，不離之義，即用此量智，還為能量果。」⑩「以證為相」故。此即是說「現量智」以現觀證知所緣的「自相境」為行相，此行相的結果還當下呈現於「現量智」的心識之上，故「現量智」還是「現量果」，智與果不離此心；「比量智」以推比證知所緣的「共相境」為行相，此行相的結果還當下呈現於「比量智」的心識之上，故「比量智」還是「比量果」，智與果不離此心，故云「即智名果，是證相故」。

《入論》再進而解釋說：「如有作用而顯現故，亦名爲量。」陳那是因明家，也是「唯識論」者；若依陳那在「唯識學」中所立「三分說」⑪，在「現量」認知活動中，以能緣的「現量無分別智」爲「見分」，以所緣「自相境」爲「相分」，「見分」了知「相分」，有「了知的作用顯現」，此「作用顯現」的結果由「自證分」得知，故同一心智中的「自證分」便是「現量的量果」。又在「比量」認知活動中，以能緣的「比量有分別智」爲「見分」，以所緣「共相境」爲「相分」，「見分」了知「相分」如有「了知的作用顯現」，此「作用顯現」的結果亦由「自證分」得知，故同一心智中的「自證分」便成爲「比量的量果」了。今試以圖解如下：

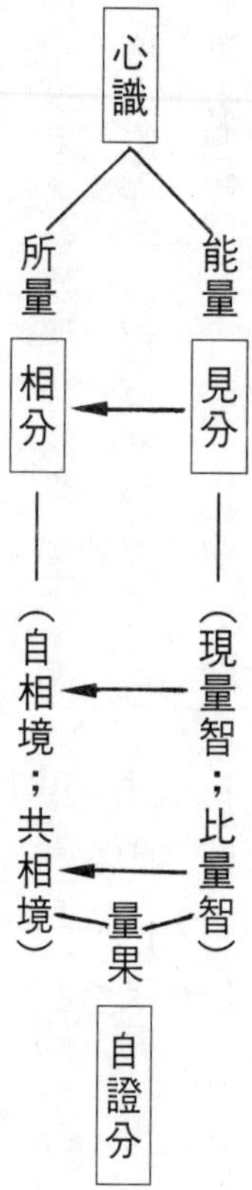


【註釋】

(1)見陳那《正理門論》、《大正藏》卷三二、頁九。

(2)見《大正藏》卷四四、頁一三七。同頁窺基亦言：「明此二量，親能自悟，隱悟他名及能立稱。」義亦相同。

(3)《因明大疏刪注》，頁九十二陰版，商務印書館版。

(4)引文同見註③。

(5)「自相」者，指一切諸法的自體，如能燒人手的火，剎那變化，非名言概念所行境界，亦即經論所謂「離言自性」。「共相」者，指以分別心，以名言概念假立之法，如口說「火」而不燒人口的「火」，亦即經論所謂「言說自性」。

(6)見呂澂所譯的《集量論釋略抄》，刊於《內學》第四輯。

(7)「現現別轉」：「轉」是生起的意思，即每一種現量能觸的根，各別接觸其獨特的所知境而生起認知活動，而根與根不相混，故梵藏本，說爲「一一根各別而轉」，此即「現現別轉」的正義。

(8)依熊十力註釋此頌，大意是說：有體事物（法）非只一種，有自相，有共相；「現量」生時，五種識根不能認知色等共相之境，唯各別能緣識根各別認知其所緣的自相法體，能所冥合，因而達到離言的內證境界，這便是淨色根緣各自境的「現量」特徵。見《因明大疏刪注》，頁九五陽版。

⑨見《大正藏》卷四四、頁一四。

⑩見《大正藏》，頁同註⑨。

⑪「三分說」就是把「心識」內部活動，分為「見分」、「相分」及「自證分」。

## 五、似現量與似比量

【正文】有分別智，於義異轉，名「似現量」(1)。謂諸有智了瓶、衣等分別而生；由彼於義，不以自相為境界故，名「似現量」。

若似因智為先，所起諸似義智(2)，名「似比量」。似因多種，如先已說；用彼為因，於似所比，諸有智生，不能正解，名「似比量」。

【註文】

(1)依《藏要》校勘梵、藏二本，此句作爲「與餘境分別，相俱之智爲似現量」。餘境謂共相，對自相爲餘也。

(2)依《藏要》校勘梵本，「似義智」一詞，並無「似」字。

(一)釋似現量：前釋「現量」，謂由無分別智，對自相境，遠離一切名言概念、種類、諸門分別，現現別轉，然後成就。今若能認知的智慧，不是「無分別智」，而是「有分別智」，即不能遠離一切名言概念等等諸門分別，於所知境，不能

「稱境而緣」（按：《大疏》所謂「不稱實境，別妄解生」，即《入論》「於義異轉」的意思。「義」是「所知境」義；「轉」是「生起」義），這便構成「似現量」。

簡略而言，以「有分別智」對向「自相境」而分別生，即「非自相境」，便成「似現量」，如眼根對某一特殊「紅」的外境，而以意識作比較、抽象的心理活動，因而以名言概念分別其爲「紅」的對境，這便是有分別的認知，「不稱實境，別妄生解」，那就不是「現量」，而名之爲「似現量」（按：「似」是不正確的意思；「似現量」就是「不正確的現量」。）

又如對「瓶」、「衣」的認知，若以眼根對瓶、衣的特殊色境而起無分別的眼識感知，以耳根對其特殊聲境而起無分別的耳識感知，乃至身根對其特殊觸境而起無分別的身識感知，這才是「現量」；如起了分別智，說這是「瓶」，那是「衣」，這樣對所認知的「自相境」起了抽象、比較的分別活動，於是「瓶」、「衣」的名言概念便有分別地生起，不符合「現量」離分別，「現現別轉」的條件，那便變成了「似現量」。故《大疏》云：「由彼諸智，於（瓶、衣等）四塵（色、香、味、觸）境，不以自相爲所觀境，於增益別實有物而爲所緣，名曰「異轉」……（此）但意識緣共相而轉（生），實非眼識現量而得。自謂眼見瓶、衣等，名似現量。」①

《大疏》又列出五種智，令「似現量」生：

一者、散心緣過去——故知憶念亦「非現量境」。

二者、獨頭意識緣現在——故知「比量」亦「非現量」攝。

三者、散心緣未來——此指非在定中的獨頭意識活動，是「似現量」。

四者、於三世諸不決智——此意識活動，通定、散二位，由不決定，是「似現量」。

五者、於現世諸惑亂智——如見杌爲人，覩見陽燄謂之爲水，及瓶、衣等，名惑亂智，皆非現量。②

上從意識活動來說，沒有就第八阿賴耶識、第七末那識及受不正常之諸根所影響的前五識活動來分類。此涉及心理和玄學問題，故不贅說。

㈡釋似比量：依《入論》所作出的定義是：「若（以）似因智爲先（導），所（引）起（的）諸似義智，名似比量。」所謂「似因智」者，依《大疏》解，實包括兩類成分：其一是指「似因」，即上章所述的十四種似因，其二是指「緣似因之智」，即邪憶念彼所立的「宗因不相離關係」；以「似因」爲遠因，以「緣似因之智」爲近因，於是產生「諸似義智」，這便是「似比量的果」，「即智言果故」。「義」是「境」義，即所知對象；推證的「所比義」非只一種，所以言「諸」，對諸所推論的對象不能產生正解的正智（即《入論》所言的「於似所比，諸有智生，不能正解」），名之爲「諸似義智」，如「聲本無常」，由「似因多種……用彼爲因」於「所比」的聲，雖有智生，但「不能正解」，故產生「聲是常住」的錯誤判斷，故此「似義智」（即不能正解「所比義」的邪智），名爲「似比量」的「量果」；整個有失誤的推度活動，說名「似比量」。

又如「見霧而妄謂爲煙」，而作下列的推論：

宗：此間有火。

因：似有煙故（其實爲霧，其因猶豫：甚而可名爲錯誤的判斷）。

喻：如灶中火。

如是所謂「似因智爲先（以霧爲煙），所（引）起（諸）似義智」（即對「所比」本無火的「此間」，而「諸有智生，不能正解」，錯誤判斷爲「此間有火」的「似所比」），便成「似比量」。故《大疏》說言：「如於霧等，妄謂爲煙，言於似所比，邪證有火。於中智起，言有『（邪）智生』。」③此等「似義智」的分別活動便是「似比量」。

概要地說：凡上章所述「似宗」九種、「似因」十四、「似喻」十種，合共三十三種過失，由此種種錯誤的理由以爲依據，進行推理的活動，其結果便對所認知的對象，產生了錯誤的判斷認知，這便名爲「似比量」。

**【註釋】**

①見《大正藏》，卷四四、頁一四一。

②見《大正藏》，卷四四、頁一四〇。

③同見註②。

## 六、能破與似能破

【正文】復次，若正顯示能立過失，說名「能破」(1)。謂初能立缺減過性、立宗過性(2)、不成因性、不定因性、相違因性及喻過性；顯示此言，開曉問者(3)，故名「能破」。

若不實顯能立過言，名「似能破」。謂於圓滿能立，顯示缺減性言；於無過宗，有過宗言；於成就因，不成因言；於決定因，不定因言；於不相違因，相違因言；於無過喻，有過喻言。如是言說名「似能破」，以不能顯他宗過失，彼無過故。

【註文】

(1)依《藏要》校勘藏本，此句意云：「諸說能立過之言，說名能破。」

(2)依《藏要》校勘梵、藏二本，彼云：「現量等違害宗過、因過不成因性等、喻過能立不成等。」

(3)依《藏要》校勘藏本，此句意云：「聞者悟時，乃爲能破。」

㈠釋能破：依《入論》所述，「能破」可以如是界定：「若正顯示能立過失，說名能破」。如依藏本，則「諸說能立過之言，說名能破。」那就是說，「能破」是相對於「能立」而說，目的作用，同是「悟他」（所以藏本有言：「聞者悟時，乃爲能破」）；若對方沒有「能立」，則本身亦無「能破」。因此「能破」必須必具兩個條件：其一，對方必須成立了「能立」，而此「能立」是有「缺支過」或「支失」者（後詳），本身就不是「眞能立」，而只是「似能立」；其二，破者必須能正確地以「立量」的方法、或「顯過」的方法，指出「似能立」所犯的過失。上述兩個條件具備，則自能啓迪對方的正智，使他開悟，而自己能正確顯示其所立量之過失的語言文字，就是「眞能破」了。

「能破」應該正確顯示對方所立量的那些過愆內容？這亦可分成兩個部分：一者是「缺減過」，二者是「支失過」。「缺減過」即《入論》所說的「初能立（的）缺減過性」。此又分二：其一是「缺支」，若依古因明的「五支作法」，則各支皆不可缺；若依陳那的「三支作法」，則「宗」、「因」、「喻」三支皆不應缺。其二是「缺相」，即「能立因」的「遍是宗法」、「同品定有」、「異品遍無」等「三相」皆不可缺。一般「缺相」的，依《大疏》所說，共有七式：

一、缺初相（如數論師對聲論師立量）

宗：聲無常。

因：眼所見故。

喻：（同品）如瓶、盆。

（異品）如虛空。

此缺「遍是宗法性」的「因第一相」，以「聲」非「因」所謂「眼所見故」。

二、缺第二相（如聲論師對薩婆多部師立量）

宗：聲常。

因：所聞性故。

喻：（同品）如虛空。

（異品）如瓶、盆。

此缺「同品定有性」的「因第二相」，以「同品」「虛空」，不具有「因」的「所聞性」故。

三、缺第三相（如聲論師對薩婆多部師立量）

宗：聲常。

因：所量性故。

喻：（同品）如虛空，

（異品）如瓶、盆。

此缺「異品遍無性」的「因第三相」，以「異品」瓶、盆等，也具「因」的「所量性」故。

四、缺初相及第二相（如聲論師對佛弟子立量）

宗：聲非勤發。

因：眼所見故。

喻：（同品）如虛空，

（異品）如瓶、盆。

此缺「初相遍是宗法性」，以「聲」非「因」所謂「眼所見故」；又缺「第二相同品定有性」，以「同品」「虛空」亦非「因支」所說「眼所見故」。

五、缺初相及第三相（如數論師對佛弟子立量）

宗：我是常。

因：非勤勇無間所發故。

喻：（同品）如虛空。

（異品）如電等。

此缺「初相遍是宗法性」，以「我」非佛弟子所認許故；又缺「第三相異品遍無性」，以「異品」之「電」亦有「非勤勇無間所發」之「因」故。

六、缺第二、三相（如聲生論師對佛弟子立量）

宗：聲常。

因：所作性故。

喻：（同品）如虛空，

（異品）如瓶、盆等。

此缺「第二相同品定有性」，以「虛空」爲「同品」，不具「因」的「所作性」故；又缺「第三相異品遍無性」，以「瓶、盆等」一切「異品」皆具「因」的「所作性」故。

七、俱缺因三相（如聲論師對勝論師立量）

宗：聲常。

因：眼所見故。

喩：（同品）如虛空，

（異品）如瓶、盆等。

此缺「初相遍是宗法性」，以「聲」非「因」之所謂「眼所見」故；亦缺「第二相同品定有性」，以「虛空」爲「同品」，但不具「因」之「眼所見」故；又缺「第三相異品遍無性」，以「瓶、盆等」爲「異品」，具有「因」之「眼所見」故。②

如是「缺三支」及「缺三相」，都是所應破斥的內容（窺基於《大疏》

中，名之爲「能破境」）的第一部分（即所謂「缺減過」）。至於第二部分「支失過」者，即「能立」的「五支」或「三支」中每一支所犯的過失，亦即《入論》所舉的例子，如所謂「立宗過性、不成因性、不定因性、相違因性及喻過性」。「能破」所要顯示的「立宗過性」，即本書前第三章「似能立」中所闡釋的「九種似宗」；「不成因性、不定因性、相違因性」，即「似能立」中所闡釋的「十四種似因」；「喻過性」者，即「似能立」中所闡釋的「十種似喻」。其詳已見前文，今不再贅。如是「宗」、「因」、「喻」合共三十三種過失，都應顯示。如是「顯示此（「支失過」及「缺減過」的語）言（文字，能）開曉（對辯的）問者，故名能破。」

又此「能破」所採用的形式，不外兩種，一者是「顯過破」，如上文所述「缺減過」中，顯示「似能立」的「三支」之中缺少何支，「因三相」中，缺少何相；於「支失過」中，「宗支」有何過失，「因支」、「喻支」有何過失，這名爲「顯過破」的方式。二者是「立量破」如前所述聲生論師對佛弟子立量：

宗：聲常。
因：所作性故。
喻：（同品）如虛空，
（異品）如瓶、盆等。
佛弟子固然可以運用「顯過破」，指出彼立量中，能立「因支」缺「第二、三相」，因而犯了「法自相相違」過；但亦可成立「三支比量」云：
宗：聲應無常。
因：所作性故。
喻：（同法喻）若是所作，見彼無常，如瓶、盆等。
（異法喻）若是其常，見非所作，猶如虛空。
如是不改原有的「因」、「喻」，立「眞能立」，三支無缺，亦無諸過，以顯「聲應無常」是「眞宗」，而與此相違的聲生論所立的「聲常」，則是「似宗」，其所立量變成了「似能立」。運用三支比量，以破彼失，所用的方式就是「立量破」。至於對方的量，有「相違決定過」的，則更非用「立量破」不行了。

㈡釋似能破：依《入論》文字，作者對「似能破」作了這樣的界定：「若不實顯能立過言，名似能破。」那就是說，對論者假若不能如實地顯示出對方能立量的過去，則他用的「能破」之語言文字，便成爲「似能破」了。「能破」的目的在「悟他」，今雖然由於不能如實顯示「能立」的過失，反成了「似能破」，但無論從其動機言，或反顯出其非「眞能破」而引出對方的正智言，都不離背「悟他」之義，所以「似能破」也是「悟他」所攝。

在《入論》，一共舉出了六種「似能破」的類別：

其一是「於圓滿能立，顯示缺減性言」。那就是說：對方的「三支能立」，本來沒有「缺支」及「缺相」等「缺減過」，而於「能破」中說他犯了「缺減過」，那「能破」非能「實顯能立過」，所以反變成爲「似能破」。

其二、「於無過宗，有過宗言」。那就是說：對方所立「三支能立」的「宗支」，本來沒有過失而強說它有過失，那也是「似能破」攝。（按：從第二類至第六類，前後合共五種，都是不能「實顯能立中的支失」，所以成為「似能破」。）

其三、「於成就因，不成因言」。那就是說對方所立「三支能立」的「因支」中，本無「不成因過」，而強說它是「不成因」，是「似能破」攝。

其四、「於決定因，不定因言」。那就是對方所立的「因支」，本是「決定因」、非「不定因」而強說它是「不定因」，亦「似能破」攝。

其五、「於不相違因，相違因言」。那就是對方所立的「因支」中，本無「相違因過」，而強說之為「相違因」，亦「似能破」攝。

其六、「於無過喻，有過喻言」。那就是對方所立的「喻支」中，本無「喻過」，而強說之有「喻過」，亦「似能破」攝。

如是上述的六類的評義，因為他本無過，所以不能如實地顯示他人所成立「宗、因、喻能立」的各種過失，所以失卻了「能破」的功效，說之為「似能破」。「似能破」在其他的因明著作中，亦名為「過類」。（因為「能立」本欲顯他人的過失，今變成「似能立」，反而使自己的評議成為過失；這便是「與過爲（同）類」，說名「過類」。）依呂澂的歸納，「正理派」講十六義，其第十五句就是討論「似能立」的，《方便心論》分成二十類，《如實論》分成二十二種，《正理門論》歸併爲十四種，而《入論》則只說了六種，較其他論著爲簡單，而窺基《大疏》的疏釋也非常簡略②。

又《入論》說言：「……如是言說名似能破，以不能顯他宗過失，彼無過故。」一般人便以爲只是「能立」本無過，而強說其爲有過，才是「似能破」；而窺基《大疏》也說：「能破之境，體即似（能）立；似（能）破之境，即眞能立。」且在子註中又說：「此（似能破）有二義：一者、敵無過量，妄生彈詰，（如「正理門論」之）十四過類等；二者、（「立量破」之）自量有過，謂爲破他，僞言謂勝。故名似（能）破。」③其意還是指敵量本無過，而「顯過破」或「立量破」之自身有過，才是「似能破」。但呂澂引支那內學院本的慧沼《因明入論續疏》卷二云：「又他過量不如實知，於非過支妄生彈詰，亦是不能顯他過失，以無過故。設立量非，不如其非正能顯示，亦似能破。」④由此可見「似能破」有二：

一者、敵量本無過，強說其過（包括「立量破」及「顯過破」），固是「似能破」所攝。

二者、敵量本有過，但未能如實指出，反彈詰其無過的地方，亦是「似能破」所攝。

**【註釋】**

①《大疏》云：「此之缺減（過），古師約宗、因、喩，……陳那以後，約因三相。……約因三相爲七句者，闕一（相者）有三（句）……闕二（相者）有三（句）……三相俱闕（者有一句。……」每句立量的內容已作分析有如上文。見《大正藏》卷四四、頁一四一。

②見呂澂《因明入正理論講解》，頁六一，中華版。

③見《窺基》《大疏》卷上，《大正藏》卷四四、頁九三。

④見同註②，頁六〇。

## 七、總結

【正文】且止斯事。

已宣少句義，為始立方隅。

其間理非理，妙辯於餘處。

㈠概述：《因明入正理論》從寫作形式言，可分成三個部分：

一、偈頌

二、長行

三、偈頌

在第一偈頌中（即：「能立與能破……」），作者商羯羅主展示本論的提綱，即所謂「二悟八義」。在長行中，作者以散文的體裁，分別闡釋了「能立」、「似能立」、「現量」、「比量」、「似現量」、「似比量」、「能破」及「似能破」等八個項目。其中「能立」、「似能立」、「能破」、「似能破」等四是以「悟他」爲目的；「現量」、「比量」、「似現量」、「似比量」等四是以「自悟」爲目的。如是「二悟八義」的內容已明，故作者再以第二偈頌（即「已宣少句義……」一頌）以總結全文。在長行與偈頌之間，還以「且止斯事」一散句以作承上轉下的銜接之用。「斯事」即「此事」，「此事」就是上述所闡述的「二悟八義」。「二悟八義」，其義理本極浩繁，而本論爲「入論」，爲初學因明者探究學理的門階而作，故上文所述「八義」，都是略說，由略而廣，則非本論所能詳述，所以說言「（姑）且止（息於上述之）斯事（八義）」。

又依傳統的劃分，《因明入正理論》從內容言，可有二分：

一、標宗隨解分

二、顯略指廣分

本論的第一頌是標宗，顯示「二悟八義」爲本論闡釋的宗趣所在；繼而是長行散體，那就是隨依「二悟八義」的標目，分別加以解釋，故首頌與長行，屬「標宗隨解分」；至於本節的歸結頌，便屬「顯略指廣分」，下當略作闡釋。

㈡釋頌文：頌中前二句「已宣少句義，爲始立方隅」是「顯略指廣分」中的「顯略」部分。窺基《大疏》釋云：「略宣如前少句文義，欲爲始學（因明者）立其方隅。」①雖是「方隅」之義，未能窮因明學理之全，但卻可收「舉一隅以三隅反」的功效，那就涵蘊着讀此《入論》亦得以理解因明的要義所在了吧。

至於下二句「其間理、非理，妙辯於餘處」，是「顯略指廣分」中的「指廣」部分。窺基《大疏》釋云：「八義之中，理與非理，如彼《理門》、《因門》、《集論》，具廣妙辯。」②頌中「其間」一詞，是指《入論》中所談的「八義」；「理、非理」即指那裡是眞、那裡是似，那裡是對、那裡不對。「妙辯於餘處」即說其孰得孰失，於《理門》、《因門》、《集量論》等因明著述中，已廣爲精妙辨解；讀者理解本論之後，當從彼等論著中，廣加深造，自有體悟。

【註釋】

①見《大正藏》卷四四、頁一四二。

②見同註①。

# 附錄

《藏要本》的《因明入正理論》全文

商羯羅主　造論

唐玄奘　翻譯

能立與能破，及似唯悟他，現量與比量，及似唯自悟。
如是總攝諸論要義。
此中宗等多言名為能立，由宗因喻多言開示諸有問者未了義故。
此中宗者，謂極成有法、極成能別，差別性故，隨自樂為所成立性，是名為宗，如有成立「聲是無常」。
因有三相。何等為三？謂遍是宗法性、同品定有性、異品遍無性。云何名為同品、異品？謂所立法均等義品，說名同品，如立無常，「瓶等」無常是名同品。異品者，謂於是處無其所立，若有是常，見非所作，如「虛空等」。此中「所作性」或「勤勇無間所發性」，遍是宗法，於同品定有性，異品遍無性，是「無常等」因。
喻有二種：一者同法，二者異法。同法者，若於是處顯因同品決定有性，謂「若所作，見彼無常，譬如瓶等」。異法者，若於是處說所立無，因遍非有，謂「若是常，見非所作，如虛空等」。此中「常」言表「非無常」，「非所作」言表「無所作」，如「有」非有，說名「非有」。已說宗等。

如是多言開悟他時說名能立。如說「聲無常」者，是立宗言，「所作性故」者，是宗法言，「若是所作，見彼無常如瓶等」者，是隨同品言，「若是其常，見非所作，如虛空」者，是遠離言。唯此三分說名「能立」。

雖樂成立，由與現量等相違故，名似立宗。謂現量相違、比量相違、自教相違、世間相違、自語相違、能別不極成、所別不極成、俱不極成、相符極成。

此中現量相違者，如說「聲非所聞」。

比量相違者，如說「瓶等是常」。

自教相違者，如勝論師立「聲為常」。

世間相違者，如說「懷兎非月，有故」。又如說言「人頂骨淨，衆生分故，猶如螺貝」。

自語相違者，如言「我母是其石女」。

能別不極成者，如佛弟子對數論師立「聲滅壞」。

所別不極成者，如數論師對佛弟子說「我是思」。

俱不極成者，如勝論師對佛弟子立「我以為和合因緣」。

相符極成者，如說「聲是所聞」。

如是多言是遣諸法自相門故，不容成故，立無果故，名似立宗過。

已說似宗，當說似因：不成、不定、及與相違，是名似因。不成有四，一、兩俱不成，二、隨一不成，三、猶豫不成，四、所依不成。如成立「聲為無常」等，若言「是眼所見性故」，兩俱不成。

「所作性故」，對聲顯論，隨一不成。

於霧等性起疑惑時，為成「大種和合火有」而有所說，猶豫不成。

「虛空實有，德所依故」，對無空論，所依不成。

不定有六，一、共，二、不共，三、同品一分轉異品遍轉，四、異品一分轉同品遍轉，五、俱品一分轉，六、相違決定。

此中「共」者，如言「聲常，所量性故」。「常」、「無常」品皆共此因，是故不定，為如瓶等所量性故，聲是無常？為如空等所量性故，聲是其常？

言「不共」者，如說「聲常，所聞性故」。「常」、「無常」品皆離此因，常無常外餘非有故，是猶豫因，此「所聞性」其猶何等？

同品一分轉異品遍轉者，如說「聲非勤勇無間所發，無常性故」。此中「非勤勇無間所發」宗，以「電、空等」為其同品，此「無常性」於「電」等有，於「空」等無。「非勤勇無間所發」宗，以「瓶等」為異品，於彼遍有，此因以「電、瓶等」為同法故，亦是不定。為如瓶等無常性故，彼是勤勇無間所發？為如電等無常性故，彼非勤勇無間所發？

異品一分轉同品遍轉者，如立宗言：「聲是勤勇無間所發，無常性故」。「勤勇無間所發」宗，以「瓶等」為同品，其「無常性」於此遍有。以「電、空等」為異品，於彼一分「電」等是有，「空」等是無。是故如前亦為不定。

俱品一分轉者，如說「聲常，無質礙故」。此中「常」宗，以「虛空、極微」等為同品，「無質礙性」於「虛空」等有，於「極微」等無。以「瓶、樂等」為異品，於「樂」等有，於「瓶」等無。是故此因以「樂」以「空」為同法故，亦名不定。

相違決定者，如立宗言「聲是無常，所作性故，譬如瓶等」。有立「聲常，所聞性故，譬如聲性」。此二皆是猶豫因故，俱名不定。

相違有四，謂法自相相違因、法差別相違因、有法自相相違因、有法差別相違因等。

此中法自相相違因者，如說「聲常，所作性故，或勤勇無間所發性故」。此因唯於異品中有，是故相違。法差別相違因者，如說「眼等必為他用，積聚性故，如臥具等」。此因如能成立「眼等必為他用」，如是亦能成立所立法差別相違「積聚他用」，「諸臥具等」為「積聚他所受用」故。

有法自相相違因者，如說「有性非實，非德，非業，有一實故，有德、業故，如同異性」。此因如能成遮「實」等，如是亦能成遮「有性」，俱決定故。

有法差別相違因者，如即此因，即於前宗有法差別「作有緣性」，亦能成立與此相違「作非有緣性」，如遮實等俱決定故。

已說似因，當說似喻。

似同法喻有其五種：一、能立法不成，二、所立法不成，三、俱不成，四、無合，五、倒合。似異法喻亦有五種：一、所立不遣，二、能立不遣，三、俱不遣，四、不離，五、倒離。

能立法不成者，如說「聲常，無質礙故，諸無質礙見彼是常，猶如極微」。然彼「極微」所成立法「常性」是有，能成立法「無質礙」無，以諸「極微」質礙性故。

所立法不成者，謂說「如覺」，然「一切覺」能成立法「無質礙」有，所成立法「常住性」無，以「一切覺」皆無常故。俱不成者復有二種，有及非有，若言「如瓶」，有俱不成，若說「如空」，對非有論無俱不成。

無合者，謂於是處無有配合，但於「瓶等」雙現能立、所立二法，如言「於瓶見所作性及無常性」。

倒合者，謂應說言「諸所作者，皆是無常」，而倒說言「諸無常者皆是所作」。

如是名似同法喻品。

似異法中所立不遣者，且如有言「諸無常者，見彼質礙，譬如極微」。由於「極微」所成立法「常性」不遣，彼立「極微是常性」故，能成立法「無質礙」無。

能立不遣者，謂說「如業」，但遣所立，不遣能立，彼說「諸業無質礙」故。

俱不遣者，對彼有論說「如虛空」，由彼「虛空」不遣「常性」、「無質礙性」，以說「虛空」是常性故、無質礙故。
不離者，謂說「如瓶，見無常性、有質礙性」。
倒離者，謂如說言「諸質礙者，皆是無常」。
如是等似宗、因、喻言，非正能立。
復次，為自開悟當知唯有現、比二量。
此中現量，謂無分別。若有正智於色等義離名、種等所有分別，現現別轉，故名現量。
言比量者，謂藉眾相而觀於義。相有三種，如前已說，由彼為因，於所比義有正智生，了知有火或無常等，是名比量。
於二量中即智名果，是證相故。如有作用而顯現故，亦名為量。
有分別智於義異轉，名似現量。謂諸有智了瓶、衣等分別而生，由彼於義不以自相為境界故，名似現量。
若似因智為先，所起諸似義智名似比量。似因多種，如先已說，用彼為因，於似所比。諸有智生，不能正解，名似比量。

復次，若正顯示能立過失，說名能破。謂初能立缺減過性、立宗過性、不成因性、不定因性、相違因性及喻過性，顯示此言，開曉問者，故名能破。若不實顯能立過言，名似能破。謂於圓滿能立顯示缺減性言，於無過宗有過宗言，於成就因不成因言，於決定因不定因言，於不相違因相違因言，於無過喻有過喻言，如是言說名似能破，以不能顯他宗過失，彼無過故。

且止斯事。

已宣少句義，為始立方隅。其間理非理，妙辯於餘處。

# 因明入正理論導讀

## 導讀者簡介

**李潤生**，原籍廣東中山，一九三六年在香港出生，在香港接受教育。先後畢業於葛量洪師範學院、珠海書院及新亞研究所。從事教育工作凡三十餘年，曾任羅富國教育學院、葛量洪教育學院、新亞文商書院、新亞研究所、能仁研究所講師。對中國語言學、文學、佛家唯識學、中觀學、因明學等都有研究。著作有東大圖書公司出版的《僧肇》（世界哲學家叢書之一）、密乘佛學會與博益出版社聯合出版的《因明入正理論導讀》、《唯識三十頌導讀》、《唯識二十論導讀》及《中論導讀》，近作還有《中論析義》、《正理滴論解義》、《大乘成業論疏釋》等。歷年學術論著有《禪宗對教育的啓示》、《佛教的時代意義》、《佛家業論辨析》、《佛家邏輯的必然性與概然性》、《因明相違決定的批判》、《因明現量相違的探討》、《法稱因明三因說的探討》等，分別發表於各大專學報或佛學叢刊。此外亦曾爲香港中文大學報紙課程撰作《禪悟歷程》等專文，爲佛教月刊《法燈》撰寫《山齋絮語》的小品專欄。對佛教思想、教育、文藝有一定的貢獻。

# 佛家經論導讀叢書

## 編輯委員簡介

**談錫永**，法號無畏金剛（Dorje Jigdral），以筆名王亭之馳譽於世。廣東南海人，先世八旗士族。

童年隨長輩習東密，十二歲入道家西派之門，旋即對佛典產生濃厚興趣，至二十八歲時皈依西藏密宗，於三十八歲時，得寧瑪派金剛阿闍梨位。一九八六年由香港移居夏威夷，修習大圓滿四部加行法；一九九三年移居加拿大圖麟都（Toronto）。

早期佛學著述，收錄於張曼濤編《現代佛教學術叢刊》；近期著作多發表於《內明》雜誌及《慧炬》雜誌，並結集爲《大中觀論集》。通俗佛學著述有《談佛談密》、《說觀世音與大悲咒》、《談西藏密宗占卜》、《細說輪迴》、《談佛家名相》、《談密宗名相》、《談佛家宗派》、《閒話密宗》等，由全佛文化事業有限公司結集爲《談錫永作品集》。

於一九九二年，與唯識大師羅時憲居士倡議出版《佛家經論導讀叢書》，被推爲主編，並負責《金剛經》、《四法寶鬘》、《楞伽經》、《維摩詰經》及《密續部總建立廣釋》之導讀。

所譯經論，有《四法寶鬘》（龍青巴著）、《密續部總建立廣釋》（克主傑著）、《大圓滿心性休息》及《大圓滿心性休息三住三善導引菩提妙道》（龍青巴著）、《寶性論》（彌勒著，無著釋）等。且據敦珠法王傳授《大圓滿心髓修習明燈》，註疏《大圓滿禪定休息》。

於香港、夏威夷、紐約、圖麟都、溫哥華五地創立「密乘佛學會」，弘揚寧瑪派教法。

**馮公夏**，廣東人，生於一九〇三年。從何恭弟老師習中文，愛好中國文學，尤喜《易經》。與韋達哲士研究易卜精義。一九三七年皈依密宗上師榮增堪布，修密法。一九五六年往尼泊爾參加佛教大會，順道遊覽印度佛陀聖蹟，又訪問瑜伽大師施化難陀，返港後組織瑜伽學會，傳授瑜伽術，饒益後學。一九七三年再往印度訪問軍徒利瑜伽大師告比奇理士那，親聆其興起拙火經驗，嘆爲觀止。生平所學，宗教與科學並重，務求實證，排除臆測與盲信，近年擬由量子學說之研究，將形而下與形而上世界之隔膜突破，天人合一，印證佛學色空不異與不生不滅眞理。

**羅時憲**，一九一四年生，廣東順德人。畢業於中山大學中國語言文學系（一九三九）及研究院中國語言文學部（一九四一）。歷任中山大學及廣東國民大學講師、副教授、教授。先後主講大乘及小乘佛學、佛典翻譯文學等科目。

羅氏少從寶靜法師聽講，後皈依太虛大師，廣習天台、唯識、中觀之學。早年著作有《大乘掌中論略疏》、《唯識學之源流》、《唐五代之法難與中國佛教》。一九四九年抵香港，除教學外，更在香港蓮社、三輪佛學社、香港大學及中文大學等機構講授《隋唐佛學》、《成唯識論》、《解深密經》、《金剛經》、《因明入正理論》等，達數十年之久，對佛法在香港之流佈，貢獻極大。一九六二年，應金剛乘學會之邀，主編《佛經選要》。一九六五年，創立法相學會，出版《法相學會集刊》。一九八四年移居加拿大，從此奔波於港、加兩地，弘揚法相般若。一九八九年創立安省法相學會，使唯識、法相之學說，遠播至北美。

除上所記早年著作外，另有《能斷金剛般若波羅蜜多經纂釋》、《成唯識論述記刪注》、《唯識方隅》、《瑜伽師地論纂釋》、《解深密經測疏節要》等，後結集爲《羅時憲先生全集》。一九九三年冬於香港逝世。

**李潤生**，見前導讀者簡介。

# 佛家經論

## 導讀叢書

**集合十幾位佛教學者的傾力巨作**

**精選數十種佛家重要經論**

《佛家經論導讀叢書》精選數十種佛家重要的經論，編成叢書出版，有系統地引導讀者來研讀佛家重要的經論，叢書種類包括：小乘、大乘、空宗、有宗、顯乘、密乘，規模非常可觀。

《佛家經論導讀叢書》中各書的編排順序，乃是依照由淺入深的閱讀程序而制定，能讓讀者循序而入佛陀智慧大海，不僅能對佛學發展的脈絡一目瞭然，亦能體會佛陀宣說一經的用意，以及菩薩演繹一論的用心所在。

叢書內容，除了詮釋及講解各個經論外，更重要的，還指出一經一論的主要思想，以及產生這種思想的背景；同時，交代其來龍去脈，深具啓發承先的作用。

本套叢書之編輯委員包括：羅時憲、馮公夏、李潤生、談錫永四位資深的佛教學者；而導讀作者則包括羅時憲、談錫永、高永霄、釋素聞、李潤生、王頌之、趙國森、劉萬然、黃家樹、羅錦堂、屈大成、釋如古……等數十位優秀佛學研究者。

《佛家經論導讀叢書》是套非常值得現代佛子們閱讀與收藏的重要典籍，以及修行不可或缺的指導叢書。

### 出版叢書內容

二十種佛家重要經論的導讀書籍，共計二十五冊。

# 第一部

| 書　　名 | 導讀者 | 出版日期 |
|---|---|---|
| 1.雜阿含經導讀 | 黃家樹 | $450（已出版） |
| 2.異部宗輪論導讀 | 高永霄 | $240（已出版） |
| 3.大乘成業論導讀 | 王頌之 | $240（已出版） |
| 4.解深密經導讀 | 趙國森 | $320（已出版） |
| 5.阿彌陀經導讀 | 羅錦堂 | $320（已出版） |
| 6.唯識三十頌導讀 | 李潤生 | $450（已出版） |
| 7.唯識二十論導讀 | 李潤生 | $300（已出版） |
| 8.小品般若經論對讀上冊 | 羅時憲 | $400（已出版） |
| 9.小品般若經論對讀下冊 | 羅時憲 | $420（已出版） |
| 10.金剛經導讀 | 談錫永 | $220（已出版） |
| 11.心經導讀 | 羅時憲 | $160（已出版） |
| | | |

# 第二部

| 書　　名 | 導讀者 | 出版日期 |
|---|---|---|
| 12.中論導讀上冊 | 李潤生 | $420（已出版） |
| 13.中論導讀下冊 | 李潤生 | $380（已出版） |
| 14.楞伽經導讀 | 談錫永 | $400（已出版） |
| 15.法華經導讀上冊 | 釋素聞 | $220（已出版） |
| 16.法華經導讀下冊 | 釋素聞 | $240（已出版） |
| 17.十地經導讀 | 劉萬然 | $350（已出版） |
| 18.大盤涅槃經導讀上冊 | 屈大成 | $280（已出版） |
| 19.大盤涅槃經導讀下冊 | 屈大成 | $280（已出版） |
| 20.維摩詰經導讀 | 談錫永 | $220（已出版） |
| 21.菩提道次第略論導讀 | 釋如吉 | $450（已出版） |
| 22.密續部總建立廣釋導讀 | 談錫永 | $280（已出版） |
| 23.四法寶鬘導讀 | 談錫永 | $200（已出版） |
| 24.因明入正理論導讀上冊 | 李潤生 | $240（已出版） |
| 25.因明入正理論導讀下冊 | 李潤生 | $200（已出版） |

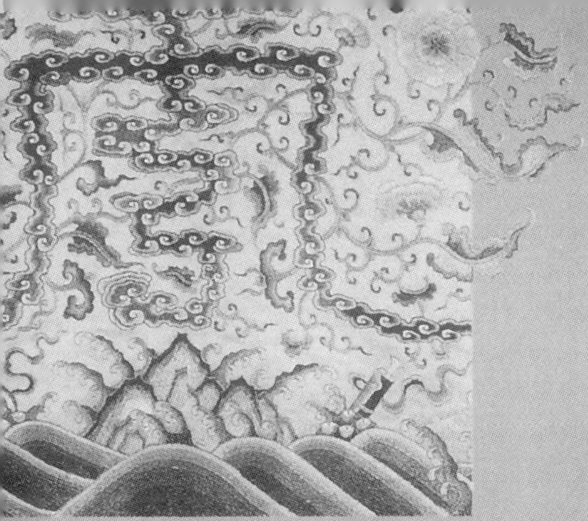

# 維摩詰經

## 導讀

自古以來，佛教界對《維摩詰經》的研究即相當盛行，
因此，世人對本經信仰上的持誦、崇拜亦多極深篤。
本經內容旨在闡述維摩詰居士所證之不可思議解脫法門。
基於般若性空的思想，
以闡揚大乘菩薩之實踐道，
為繼《般若經》後，初期大乘的重要經典。

主編／導讀者 談錫永

20

佛家經論導讀叢書

定價 / 220 元

# 菩提道次第略論

導讀

《菩提道次第略論》
為西藏黃教（格魯派）創始人宗喀巴大師所作，
乃節錄自《菩提道次第廣論》的基本內容而成。
本論基於顯教而闡說佛道修習的次第，
由淺入深總攝佛教的要義，
是藏傳佛教格魯派的重要典籍。

主　編　談錫永
導讀者　釋如吉

21
佛家經論導讀叢書

定價 / 450 元

佛家經論導讀叢書㉕

# 因明入正理論導讀下冊

主編／談錫永
導讀者／李潤生
發行人／黃瑩娟
執行編輯／林麗淑
出版者／全佛文化事業有限公司
台北市松江路69巷10號5F
永久信箱／台北郵政26-341號信箱
電話／(02) 25081731　傳眞／(02) 25081733
郵政劃撥／19203747　全佛文化事業有限公司
E-mail／buddhall@ms7.hinet.net

行銷代理／紅螞蟻圖書有限公司
台北市內湖區文德路210巷30弄25號
電話／(02) 27999490　傳眞／(02) 27995284

初版／1999年9月
定價／新台幣200元

國家圖書館出版品預行編目資料

**因明入正理論導讀下冊／李潤生導讀.　--初版.** --臺北市：全佛文化，1999［民88］

册；　公分.--(佛家經論導讀叢書；25)

ISBN 957-8254-54-7（平裝）

1.因明（佛教）

222.96　88011683